M. L'ABBÉ CATEL.

BEAUVAIS,

TYPOGRAPHIE D. PÈRE, IMPRIMEUR DE L'ÉVÊCHÉ, RUE SAINT-JEAN.

1881.

M. L'ABBÉ CATEL

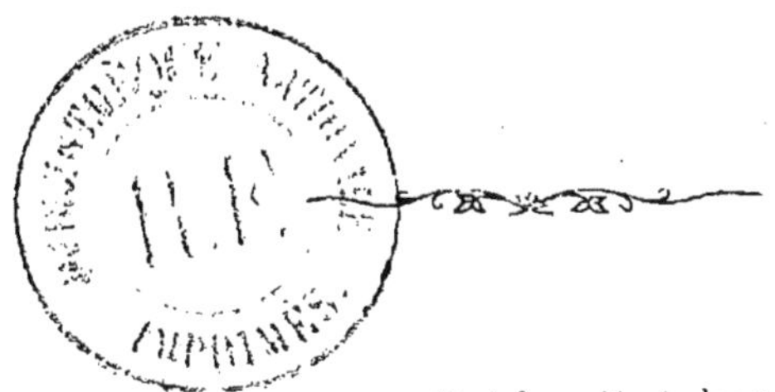

Qui fecerit et docuerit, hic magnus voca
bitur in regno cœlorum. (Matth. V. 19.)

Depuis l'annonce de la nouvelle inopinée et saisissante de la mort de M. l'abbé Catel, bien des fois notre pensée s'est reportée sur la mémoire bénie de ce vénéré Supérieur, et notre cœur croit utile non moins que consolant de fixer les traits principaux de cette grande figure et de cette vie si bien remplie, malgré sa brièveté. Nous voulons rendre hommage à cet esprit d'élite, à ce grand cœur doué de tant de qualités attrayantes, à cette âme aimante et noble, ornée des vertus sacerdotales. L'affection et la reconnaissance nous guideront dans cette esquisse imparfaite d'une biographie qui n'est plus qu'un souvenir.

I.

M. l'abbé Jean-Baptiste-Denis Catel naquit, le 9 octobre 1827, au Mesnil-sous-Vienne (Eure), poétique petit village, bâti sur la Lévrière, affluent de l'Epte, aux confins de la Normandie. Un ancien château, transformé en ferme, abritait sa famille de cultivateurs honorables et jouissant d'une grande considération dans le pays. Une sœur aînée, dont M. Catel disait plus tard : « Ma sœur, c'est de l'or du ciel », et un frère plus jeune furent avec lui les souls hôritiers des vertus patriarcales de ce vieux manoir. Leur père, honnête et chrétien, mais préoccupé d'amasser pour ses enfants la fortune terrestre, s'en reposait pleinement sur sa digne épouse du soin de cultiver ces jeunes fleurs dans la serre chaude de l'amour maternel. C'est au berceau, on l'oublie trop souvent, que se forme l'être moral ; la première terre qui alimente la plante décide de sa destinée. « Je remercie Dieu de m'avoir donné une mère chrétienne, » écrivait à la fin de sa vie M. l'abbé Catel. Celle qui lui avait donné le jour, chrétienne, en effet, et dévouée à l'excès, était capable de développer en lui les germes heureux que le ciel avait déposés dans son âme. Aussi son enfance fut-elle entourée de la sollicitude la plus attentive et la plus généreuse de cette excellente mère.

Elle fut bientôt secondée par un homme de Dieu, placé là providentiellement pour donner à l'âme de l'enfant la première culture intellectuelle. La paroisse avait alors pour curé un prêtre distingué, qui, sans être originaire du diocèse de Beauvais, avait fait ses études dans l'ancien collège de notre ville et avait achevé à Paris, au séminaire de Saint-Sulpice, de se préparer au sacerdoce. M. l'abbé Hébert, c'était son nom, à cause de sa santé délicate, avait accepté l'humble petit poste du Mesnil. Le bon pasteur fut frappé de l'intelligence éveillée et précoce de son jeune paroissien, des heureux dons de son esprit et de son cœur, de son goût pour les enseignements du catéchisme et de son pieux attrait pour les choses de la religion, pour le service des saints autels. En secret, il faisait des vœux ardents pour que le divin Maître déposât, au moment de la première communion du cher enfant, des germes de vocation dans une âme qui lui inspirait de belles espérances. Toutefois, sûr de l'accueil que rencontreraient de ce côté ses propositions, il s'ouvrit à la mère seule de ses vues pour l'avenir de son fils. Le projet fut accepté de la mère et béni de Dieu ; on décida dans la famille que l'enfant serait éloigné de son village et placé d'abord un an en pension à Gournay-en-Bray, et puis, pour commencer ses études classiques, au collège d'Ecouis. Il faut ajouter bien vite que deux ans après, grâce à M. l'abbé Hébert, qui servit d'instrument à la Providence pour attacher M. Catel au diocèse de Beauvais, le jeune étudiant entrait comme élève de cinquième au Petit Séminaire de Saint-Lucien. Il y fut reçu au mois d'octobre 1842 par

M. l'abbé Bessière. Le vénérable Supérieur, secondé par M. l'abbé Labarre en qualité de directeur, était loin de songer alors que ce NOUVEAU-VENU dans la maison serait son fils de prédilection, l'éminent continuateur de son œuvre et l'ami qui, plus tard, devait lui fermer les yeux !

Les jours coulèrent agréables d'abord pour l'écolier dans le travail et la piété. En lui l'intelligence grandissait, on peut le dire, dans la proportion de son développement physique. Mais bientôt, était-ce l'effet d'une croissance rapide ? il s'alanguit, devint d'une faiblesse générale et sujet à des migraines fréquentes qui nuisirent à la régularité de ses études. « Je suis *flâneur*, écrivait-il familièrement — et nous demandons la permission de citer ce style, qui est déjà l'homme, style aux couleurs vives sans être trop réaliste, — je suis le *grand* Catel, une gaule, un flandrin efflanqué comme il y en a tant, enjambant l'espace comme Dom Poucet et battant des ailes comme un équilibriste démonté, dont la tête pirouette sur le cou comme la girouette d'un moulin à vent ; ou bien je suis quasi condamné au repos pour le plaisir d'avoir une taille élevée, tâchant d'avoir par dessus tout quelque feu au cœur et force générosité dans l'âme. » Malgré cet état maladif, des succès rapides récompensèrent ses efforts, le signalèrent de plus en plus à l'affection de ses maîtres, en même temps que ses qualités aimables lui gagnèrent les sympathies de ses condisciples.

Dieu voulait ce grand enfant pour son Église ; il se chargea de lui parler au cœur dans une retraite prêchée au Petit-Séminaire, en 1844, par le R. P. Millériot. Lorsque dernièrement le célèbre religieux rendit sa belle âme à N. S., M. Catel aimait à se souvenir qu'il était une de ses *recrues* pour le sacerdoce. Le coup décisif de la grâce fut donc porté au commencement de la classe de troisième, que professait alors M. le chanoine Thorel, et sa vocation devint d'autant plus généreuse que, pour la suivre, il eut des luttes à subir. Au foyer domestique, un obstacle sérieux s'opposait à ses pieux désirs. Son père avait d'autres vues pour son avenir. Aussi lisons-nous avec une touchante édification ces mots ajoutés par le fervent élève, à la fin du cahier de retraite de l'un de ses camarades devenu un bon prêtre : « Des prières pour tes parents, tes maîtres, tes amis... Prie pour les autres et le fruit en sera pour toi. Ne prie pas tant pour toi, ce serait pour l'égoïsme. Moi, je prie pour la conversion de mon père. Je t'en conjure, seconde-moi; c'est le plus grand service que tu puisses me rendre. Mon père ! ! ! Hélas ! cela me serre le cœur, quand je pense qu'il serait opposé... O mon Dieu, j'ai confiance en vous et en vous aussi, Marie. Vous ne pouvez m'abandonner ! . . . »

Cette fervente supplication fut exaucée. L'opposition paternelle céda bientôt devant la respectueuse fermeté de l'enfant généreux qui n'avait qu'un but, le Sacerdoce. Le temps de l'épreuve dura peu; du moins eut-il l'avantage de lui faire puiser les plus forts encouragements, comme les plus douces consolations, auprès de son professeur, M. l'abbé Thorel, aujourd'hui chanoine de la Cathédrale, et du directeur de sa conscience, M. l'abbé Durozoy, actuellement doyen de Chambly. C'est aussi dans ce moment critique qu'il trouva un baume pour les angoisses de son cœur, dans l'affection la plus vraie de M. l'abbé Maillard, chargé du cours d'histoire naturelle au Petit-Séminaire. La foi ardente et naïve, la piété presque enfantine, la candeur et la bonté de cette âme sacerdotale avaient séduit le jeune séminariste. Le maître et l'élève se comprenaient et s'aimaient. Autant le premier avait le don d'enflammer l'ardeur de ses élèves par des leçons pleines de vie et d'inspiration, autant le second apportait de sympathies, d'estime, de vénération et de tendresse au fond de son âme pour le savant professeur. Le cercle des études scolaires s'acheva bien vite. *Heu! fugaces labuntur anni!* Ces bonnes années de Saint-Lucien, les meilleures de la vie, n'étaient plus qu'un souvenir; mais la reconnaissance du jeune Catel envers ses maîtres resta toujours une réalité vivante dans son cœur. Quelques jours après la séparation dernière, il le prouvait dans cette lettre si pleine de laisser-aller, qu'il écrivait à M. Maillard (août 1847); elle peint trop bien le maître et l'élève pour ne pas être reproduite presque en entier :

« Mon excellent Maître,

« Je vous aime à tort et à travers ! . . . bien entendu que cela veut dire on ne peut plus. Ne vous y méprenez pas, ce serait préjudiciable à mon intention. Je vous aime à tort et à travers. Pourquoi?... c'est que, depuis que j'ai le bonheur de vous connaître, cette année dernière surtout, vous avez eu incessamment pour moi l'amitié la plus vive, l'intérêt le plus tendre, la complaisance la plus *charitable;* c'est que vous avez agi avec moi comme un père avec son enfant, que j'ai puisé à pleines mains à votre inépuisable cœur, et que la seule reconnaissance me fait un devoir de vous aimer. Tout autre qui, autant que moi, se serait approché de vous, ne vous aimerait pas moins; c'est possible. Heureusement, vous tenez en respect la foule des profanes, comme dit Horace, de sorte qu'en grande partie le privilège me reste, et par suite le profit. C'est qu'en général, voyez-vous, vous avez l'art de vous envelopper dans un lointain mystérieux et sombre, et, à ce point de vue, l'illusion est complète : on croirait voir Minos ou Rhadamante. Tel était du moins l'effet que vous me faisiez jadis, sauf quelques légères modifications opérées dans le costume par la mode du jour. Enhardi par l'habitude, j'ai tourné le fantôme et je n'ai plus trouvé que M. Maillard aussi généreux, aussi peu redoutable que je le connais présentement. Voilà ce que c'est que l'optique et la réfraction double : tantôt on croit voir bis, et tantôt on voit blanc... Ce sont les distances qui font tout. Pour l'heure, vous n'êtes plus Protée pour moi et je vous connais pour la vie... Mais je m'oublie et je vous paraîtrais inconvenant, si vous n'aviez à fond l'expérience *du sujet.* Toujours est-il que tel que je suis, quand mon imagination vagabonde galoppe sur mes brisées, et que je revois ces charmantes promenades, assaisonnées d'un côté d'une gaîté si franche, et de votre part d'une condescendance si angélique; ces entretiens qui parfois s'échappaient furtivement de votre âme et faisaient tant de bien à moi; enfin toutes ces menues démonstrations de sincère tendresse que je recevais de vous, je me prends à regretter les fréquents ennuis de la rhétorique, et le spleen qu'elle me donnait, pour de si précieuses compensations; et je dis à Saint-Lucien, comme le poète à son navire aux mâts pavoisés :

> Je te quitte et puis dire :
> Mes beaux jours sont passés!!...

Mon étoile, peut-être, me ramènera sous ton toit. C'est mon vœu le plus brûlant... La séparation est saignante, la réunion n'en sera que plus douce. Voilà ma consolation présente : que la réalité ne lui manque pas un jour!!... »

D'après ces données, on pourrait penser que les vacances n'étaient pas fort attrayantes pour le jeune rhétoricien. Pourtant, les plaisirs et les distractions ne lui manquèrent pas. Il visita, cette

année-là, Amiens, Clermont, les Andelys, Gaillon, Vernon, etc.
« A la fin, écrivait-il de nouveau à son maître chéri, je suis blasé,
« et, retiré dans ma chambre, j'aime mieux philosopher avec Ni-
« colas, que de courir aux quatre vents du ciel.

« Les vacances, comme le reste, ont leur vilaine face. Plus de
règle, plus d'ordre, plus d'heures fixes, plus de travaux réguliers,
plus de devoirs religieux exactement partagés, enfin plus cette
chaîne d'exercices de communauté sur laquelle, *achevalonné*, on
glisse insensiblement la pente des jours. C'est un grand vide dans
l'existence d'un troupier de dix-huit ans. Heureusement, mon temps
n'est pas fini, et, sous un autre uniforme, je vais bientôt rentrer
dans la milice. Je suis rudement décidé à *philosopher* à Beauvais,
voire même à y séjourner plus longtemps encore. Il me semble que
c'est pour moi un *devoir* de reconnaissance, car il est tout naturel
qu'un ouvrage reste à ceux qui l'ont fait. »

Mgr Olivier, alors évêque d'Evreux, ne partageait pas cette manière de voir. Il fit valoir ses droits sur son diocésain. M. l'abbé
Hébert, incriminé peut-être pour avoir dirigé le futur séminariste
vers Beauvais, fut changé de poste et nommé à Hébécourt. Néan-
moins, et tout en respectant l'autorité épiscopale, après avoir aussi
bien vaincu les répugnances de son père, M. l'*abbé* Catel se pronon-
çait pour le séminaire, et celui de Beauvais avait ses préférences mar-
quées. Il lui en eût coûté beaucoup de quitter ses condisciples et ses
amis de Saint-Lucien. A l'un d'entr'eux, qui lui fit part de sa dé-
termination d'entrer au séminaire, il répondit : « Ne va pas croire
que ma philosophie à Beauvais est douteuse, elle est certaine. Sur
ce, il faut que je monte mon équipage... Un tailleur du pays veut
à toute force que je confie à son talent réel l'habillement de mon
personnage. Il se dit maître-expert, émérite, docteur ès-tailles,
licencié en couture... Ma bonne maman m'a déjà acheté du drap
et des *bas de soie*... Papa Caron a pris le moule de ma tête pour
me confectionner un chapeau jaiotype... Oh ! Comme nous serons
drôles là-dessous ! Trêve à la plaisanterie, sous cette enveloppe
mystérieuse, il y a quelque chose de sacré et le cachet même de Dieu
y a été à jamais apposé ; vénérons-le, adorons-le. Mon père, malgré
mes efforts, n'est pas encore converti. Continue, je t'en conjure,
à prier, Marie surtout, l'immanquable mère ; prie, prie, prie-la. »

L'abbé Catel, faisant répondre aux insistances de son évêque par ces paroles résolues : « Je veux prendre la croix, n'importe où ce sera : Dieu le veut, cela suffit... Prions-le seulement qu'à sa grâce ne nous fassions pas faillite et tout ira bien, » reprenait le chemin de Beauvais, sa patrie d'adoption, pour revêtir le costume des lévites, le premier samedi du mois d'octobre de l'année 1847.

II.

Nous rapportons ici l'histoire intime d'une âme, beaucoup plus que le récit d'une vie racontée suivant la méthode chronologique. Or l'âme de M. Catel se révéla dès son entrée au Grand Séminaire, dont le vénérable M. Heu était alors supérieur. Il n'y passa qu'une année (1847-48), pour suivre le cours de philosophie. En même temps il se préparait à l'examen du baccalauréat-ès-lettres, dont il subit les épreuves avec succès, le 19 mai 1848.

On nous saura gré de reproduire une des lettres qu'il écrivit après les huit premiers jours passés au Séminaire de Beauvais. Ce sont des pièces trop rares et trop précieuses dans la collection de nos documents, pour ne pas être communiquées à nos amis. De plus en plus, du reste, le style c'est l'homme. Il s'adresse encore à son ancien maître de prédilection, M. l'abbé Maillard ; ce qui explique le cordial abandon avec lequel il se peint lui-même :

« Ce n'est rien moins qu'un jeune abbé qui se fait l'honneur, pour ne pas dire le plaisir de vous exprimer son filial respect. Non pas un de ces petits abbés de la Régence, frisés, musqués et sautillant sur la pointe du pied pour étaler aux yeux une jolie pantoufle à boucle ruisselante, qui aurait fait crever de dépit celle même de Cendrillon ; mais un de ces pauvres séminaristes qui n'ont que le licou et la corde et qui, humbles et modestes, marchent gauchement, quoique avec bonne volonté, à la suite du Nazaréen. Non, non, n'espérez plus retrouver autre chose... Autrement, mon cher monsieur, croyez-moi, vous seriez arriéré de tout un monde, et si bruit en est à Milne-Edwards, ou tels de sa trempe, vous serez classé d'emblée parmi les diluviens. De fait vous sautez cent lieues au-dessous de la question et tout exact que vous vous piquiez d'être, il semblerait que vous êtes encore en face de l'éclipse annulaire qui m'annonça si *mystérieusement* mes vingt ans. — Ceci soit dit en passant, c'était l'anniversaire de ma naissance et le jour de ma fête. — Si vous vouliez vous donner la peine de venir vérifier, vous trouveriez quoi ? un grand homme à petits pas, aux ailerons roides comme l'acier, drapé dans la *toga fluens* antique, se prélassant, comme un novice toutefois, à la manière des *cardinales carnales* de Guy Patin, sauf la prétention et le reste ; mettant enfin en jeu tous les ressorts de son âme et de son cœur pour élever la partie interne aux dimensions cyclopéennes de son externe partie. Oui, ma parole d'honneur, la métamorphose est notable ; or, en pareille occurence, les plus clairvoyants n'y voient goutte. C'est du tout au tout, de la terre au ciel, de la cuisine au Parnasse, comme dirait le bas bleu Desnoys, le cygne de Beauvais... Mais comment cela se fait-il ? vous entends-je dire naïvement. — Ah ! comment cela se fait ? — C'est tout simple. — Mais encore ? — Eh bien, c'est par l'intervention d'une retraite !

« Nous avons eu une retraite, ce que vous savez déjà, mais une retraite *soignée*, ce que vous ne savez pas encore. Oui, une retraite soigneusement soignée !... Non pas que le P. Marquet se soit lancé dans les hautes régions de l'éloquence ; non pas qu'il nous ait fait respirer les parfums des fines fleurs de la littérature, non pas qu'il ait surpassé en pathétique, ni même équivalu un Brydaine ou un Bossuet, mais c'est qu'il a su, l'habile homme, empoigner un petit faisceau de filaments nerveux, qu'on appelle la fibre du cœur et la secouer si rudement et si amicalement à la fois, qu'il lui a fait rendre des sons surhumains; des accents inconnus, déchirants et passionnés !...

« Voilà ce qui vous vient à l'idée : « Fort bien, à force de la remuer, il l'a rallongée encore et elle dormira plus mollement qu'auparavant... » Nenni, mon bon monsieur, vous êtes trop charitable ; il y a des cordes mises en vibration qui résonnent fort longtemps ; et pour peu qu'on la laisse aller sous le doigt de Dieu, j'espère, sans prétention, que la mienne pourra retentir jusqu'à l'année prochaine, jusqu'à une nouvelle secousse impulsive. Pourtant je suis bien aise de vous apprendre qu'il y a aujourd'hui beaucoup de brevets sans *garantie* du gouvernement, et tel promet fort bien qui ne tient pas toujours. *Priez un peu pour moi dans le saint Sacrifice*, afin que telle infidélité ne m'advienne jamais. Je vous en supplie, car enfin *quatre pas* encore peut-être et j'ai dans mes mains l'hostie du sacrifice, sur mes lèvres les paroles plus créatrices que celles de Dieu même... Que sera-ce, si je n'ai pas dans le cœur une piété solide et un amour ardent? Oui, quand je me pose en face de *cette redoute*, je tremble d'une sainte frayeur ; l'humanité a son mauvais côté et la faiblesse n'y tient pas la moindre place. Mais enfin faisons le mieux que nous pourrons et Dieu fera le reste....

« Or çà je reviens à notre vénérable *harpiste* qui tire des accords si accentués. En dehors de ses sermons ou plutôt de ses sévères méditations, je veux dire dans ses conférences, il était on ne ne peut plus aimable... Une élocution facile et agréable, une finesse qui dérive vers la pointe et la plaisanterie, avec une morale solide et d'*expérience*, un ton de bonne compagnie qui ne déroge jamais : voilà quels étaient les charmes de cette sainte récréation de nos longues journées. Quoiqu'il me fît rire plus d'une fois, je ne pus le voir rire lui-même que le dernier jour. Il sait habilement comprimer le rire en sourire. Pour l'ennui, je n'ai pas reçu une seule fois son ennuyeuse visite, et la seule chose qui me contrariât, c'était mon peu d'habitude de la méditation. C'était pourtant un des grands points de la retraite. Bref j'ai fait ce que j'ai pu. — J'étais d'abord embarrassé pour le choix d'un confesseur, mais enfin le choix est tombé sur M. F. Si je ne deviens pas saint au contact d'une âme si pure, si dévouée et en même temps si aimable, je désespère de moi et personne n'y peut mais. J'ai un besoin immense de quelqu'un qui me talonne avec ardeur, qui me donne fréquemment le coup d'épaule et qui me dise en même temps : Je vous aime... Je bénis Dieu de m'avoir donné un tel père spirituel.

« J'entrerais volontiers dans le détail de nos occupations monastiques, si je ne craignais de vous ennuyer en vous répétant ce que vous savez mieux que moi. M. D. nous fait deux classes de physique et la chose prend une tournure intéressante. Il est fort instruit, il parle lentement, clairement, il demande avec délicatesse... et sur ce pied-là tout marchera bien. Pour la philosophie, même chose. Professeur éloquent, sensé, intéressant, d'après ce que j'ai pu en juger par quelques mots d'ouverture. Il ne manque rien au talent, sauf peut-être l'expérience, qui est d'autant plus utile que nous ne suivons pas d'auteurs... nos neveux ou nos successeurs seront plus heureux que nous.

« Mon bon monsieur, vous m'excuserez si mon style est en si

grand déshabillé...; qu'auprès de vous du moins je suis libre ! Liberté d'ailleurs n'exclut pas ici le respect et la reconnaissance, car pour me servir plus ou moins à propos d'une métaphore évangélique, je vous dirai : Le ciel et la terre passeront, mais mon amour pour vous ne finira point.

« Mille amitiés s'il vous plait à...; dites-leur d'être *de bons et fervents congréganistes* et si vous m'en croyez digne, répondez-moi quelques mots. Tout ce qui me vient de Saint-Lucien et surtout de vous m'est bien doux. »

L'abbé Catel, on le voit, se donnait à Dieu comme le conseille le Saint-Esprit : De grand cœur et de toutes les forces de l'âme. Il savait que Dieu aime celui qui donne et surtout se donne avec joie. Pour mieux faire connaître les dispositions qui l'animaient à cette époque de sa vie, citons encore un fragment d'une lettre écrite à la fin de son année de philosophie. Elle est la fidèle expression des sentiments dont son cœur était rempli aux premiers jours de son noviciat sacerdotal, et si l'on y remarque de pieuses exagérations, elles sont tout à l'honneur de sa modestie et de sa générosité.

« Hélas ! écrivait-il à l'un de ses confrères qui l'avait pris, selon l'usage de St-Sulpice, pour *moniteur* ou *ange gardien*, hélas ! quand je jette un regard sur cette année écoulée déjà..., une larme involontaire vient briller dans mes yeux, mon cœur se gonfle et je détourne la tête. Quoi donc ! me direz-vous... qu'avez-vous fait de mal ?... quel crime avez-vous commis ? quelle faute grave avez-vous à vous reprocher ?... Pour moi, je ne vois rien... Non, vous ne voyez rien, ni moi non plus... et voilà ce qui me désole. Rien dans une année si importante, si précieuse, rien dans toute la vigueur de l'âge et du courage, rien quand tout porte, quand tout engage, quand tout contraint pour ainsi dire. Rien... c'est-à-dire pas une âme gagnée, pas un frère de plus, pas une conquête pour pallier mes misères personnelles, mes défauts, mes faiblesses, mes péchés...

« Voilà ce qui m'accable et me désespère, voilà ce qui me fait trembler pour l'avenir. Si tiède aujourd'hui, serai-je chaud quand les glaces de l'âge pèseront sur mon cœur ?... si indifférent à cette heure, serai je zélé quand l'égoïsme me cernera de toutes parts ?... si peu solide au poste de la fidélité, serai-je inébranlable quand Satan viendra me battre en brèche ?... Si peu saint, enfin, maintenant, que deviendrai-je plus tard?... Voilà une pensée qui m'effraie, qui m'épouvante, qui me fait douter de ma prédestination... Voilà ce que je suis...

« Et pourtant l'on me regarde comme un de ceux qui étaient les plus dignes d'entrer au séminaire, comme celui qui honorera le plus le sanctuaire, comme celui qui sera le prêtre le plus parfait *secundum ordinem Melchisedech*. Oh ! mon Dieu, que sera-ce des autres? que sera-ce de nous?... Que ferez-vous de pareils serviteurs?... Ils pilleront votre champ, au lieu de le cultiver; ils mangeront le raisin de votre vigne, au lieu de l'arroser de leurs sueurs.

« Sont-ce là ceux que vous vous êtes choisis pour conduire vos brebis dans vos voies? Est-ce là ce sacerdoce royal, qui doit effacer en éclat la magnificence des anges?... Est-ce là cette race choisie, que vous vous plaisiez à ceindre de votre dilection?... Sont-ce là ces marbres précieux qui doivent former les marches de votre autel!... mon Dieu! combien nous sommes peu dignes de vous, combien nous sommes vils pour nous élever à un si sublime ministère!... Vous pourrez dire que vous nous avez reçu des mains de la nature bruts et souillés, et que vos mains seules nous ont donné de la forme, de l'éclat.

« Ah! si nous nous abandonnions au triste sentiment de notre valeur, si nous pesions notre poids dans la balance de la justice, et non dans celle de votre miséricorde, si la confiance en votre bonté ne compensait la brièveté de notre courage, si vous n'étiez tout, tandis que nous ne sommes rien,... il ne nous resterait que la honte, la mort, l'enfer !...

« Mais ô mon Dieu, vous êtes celui qui n'est pas venu chercher les justes mais les pécheurs; vous êtes notre sauveur et non pas notre maître; vous avez vu autrefois vos fidèles Hébreux au milieu des idoles de l'Egypte, et pourtant vous ne les avez pas maudits; vous les avez au contraire arrachés de la terre sacrilège, pour les mener à travers les miracles de votre grâce dans la région promise, dans l'asile de la pureté et du bonheur... Tel et meilleur encore vous serez pour nous. Plus notre misère est grande, plus votre compassion sera profonde; plus notre âme sera faible, plus vous lui prodiguerez de force; plus notre cœur sera desséché par les affections de la terre, plus vous ferez tomber la rosée du ciel sur lui, pour qu'enfin il voie germer des fleurs dignes de vous. Nous nous sommes vidés du culte de Bélial , mais votre générosité nous remplira...

« Voilà, mon pauvre ami, les sérieuses réflexions qui m'agitent maintenant et celles, je crois, qui doivent venir à celui qui plonge du regard dans le radieux horizon du sacerdoce... Je tremble, *Domine non sum dignus*... c'est un privilège si beau, un titre si glorieux, une dignité si surhumaine, un pouvoir si incroyable que celui d'être prêtre !... On est alors si près de Dieu, que l'on redoute d'être involontairement terrassé par tant de grandeur. Mais Dieu le veut ! Dieu le veut !... il faut prendre la croix et le suivre. L'acte lui-même effacera notre indignité. On s'élèvera naturellement à la hauteur de sa position, et nous comprendrons que pour un grand homme il faut de grandes œuvres. On mesure ses efforts sur la tâche qu'on s'impose. Si nous ne visons pas au but le plus sublime, nous frapperons trop bas , nous ramperons sur la pelure immonde des matières humaines, et quand la main de l'éternité viendra nous secouer de notre honteuse torpeur, nous irons nous rappeler dans l'abîme que nous avions oublié notre destinée et notre Dieu. Ne balançons donc pas à suivre la voix qui nous appelle, fermons les yeux avec confiance et laissons-nous guider par la main du Tout-Puissant. Sans cela nous trouverons des obstacles qui effraieront nos regards, nous hésiterons, nous reculerons peut-être, et, sous prétexte d'indignité, nous refuserons de faire la gloire de Dieu... Courage, confiance et vertu : voilà notre devise !...

« Surtout priez pour moi, pour mon père. Je vous jure du retour. Mes affaires sont réglées pour le Séminaire. Mon bon curé est ici ; nous allons jeudi à Amiens. Nous verrons NN. SS. les Evêques et nous traiterons à l'amiable. Mgr Olivier se laissera enfin toucher, quoiqu'il soit dur. Oui, je me retrouverai avec mes bons maîtres, mes chers camarades. Je tâcherai d'imiter les vertus qu'ils pratiquent à l'envi. Là, dans le sanctuaire de Dieu, comment ne pas être bons ! oui nous le deviendrons, je l'espère, et puis nous glorifierons notre Dieu... »

Lévite d'une piété si simple, d'une franchise et d'une droiture de cœur qu'il appelait lui-même « le sel de la terre, le *vade-mecum* des honnêtes gens, » M. Catel, pour parler comme Mme de Chantal, « développait une grande solidité dans une grande jeunesse. » Aussi Mgr l'Evêque d'Evreux ne voulut-il, à aucun prix, consentir à donner un *exeat* au fervent Séminariste dont il appréciait justement la haute valeur. Il fut même décidé en principe qu'après la classe de philosophie l'abbé Catel irait commencer sa théologie au grand séminaire de son diocèse natal. A cette pensée son cœur déborde de tristesse. « Vraiment, j'ai des regrets, et j'en aurai longtemps : il y a des séparations cruelles et que l'on n'oublie pas. Séparation !... Ce mot me va plus qu'à tout autre, moi qu'un diocèse étranger pour moi réclame, moi qui vais m'éloigner de tout ce que j'ai de réellement cher. M'éloigner !... oui, l'an prochain, car je prétends bien faire mon séminaire et le moyen est à Evreux. Sans doute que je ferai mon possible pour obtenir ce que je désire vivement... rester à Beauvais. Mais je crains et je me résigne d'avance. »

La Providence avait ses vues secrètes ; si par droit de naissance il appartenait à Evreux, par droit de conquête M. Catel était de Beauvais. Dans le dessein de gagner du temps, espérant se faire oublier et désireux surtout de préparer librement son examen de licencié ès-lettres, il demanda et obtint, comme une faveur, une place de répétiteur au Collége St-Vincent à Senlis. Il y vint à la rentrée des classes de l'année scolaire 1848-49, heureux de se placer sous la tutelle de son ancien supérieur, M. l'abbé Bessière, qui avait quitté St-Lucien pour prendre en mains la lourde direction de cette maison à jamais illustrée par l'abbé Poullet. Il jugeait lui-même cette épreuve du professorat « comme une position solide, sérieuse, grave, souvent pénible, où un jeune homme doit déployer de la fermeté, de la constance, de la patience, du dévouement, de la vertu... Le caractère s'y affermit, ajoutait-il, les plis se prononcent tant bien que mal, les défauts s'accentuent, les qualités aussi. Tout s'y développe, l'homme se forme, on le sent ; les demi-jours s'éclaircissent. Du moins c'est ainsi que j'ai compris, pratiqué, subi le professorat. Si un œil pénétrant vous suit, plus on va, mieux il vous juge. On voit décidément s'il y a du fond... »

Ces précieuses qualités, ces grâces d'état, M. Catel les avait toutes à un degré éminent et St-Vincent ne fut pas seulement un asile de science pour lui, mais en même temps le théâtre où s'exerça son zèle pour les pratiques religieuses. Comme il s'efforçait par ses exemples d'inspirer aux élèves le courage de la foi, l'énergique fierté chrétienne ! « St-Vincent est aujourd'hui plein de bonnes œuvres, écrivait-il, nous évangélisons et nourrissons les pauvres et leurs enfants, nous instruisons les militaires, de braves cuirassiers, nous enrôlons les ouvriers et tout cela marche à merveille, et tout cela fait du bien à ceux qui reçoivent et plus encore à ceux qui donnent. C'est ainsi qu'il faut prendre la société en sous-œuvre, c'est ainsi qu'on la sauvera. Vive Dieu ! et les œuvres ! sinon nous sommes perdus. »

En cette même année 1849, au Petit Séminaire de St-Lucien, M. l'abbé Maillard méditait le pieux projet d'établir une Conférence de St-Vincent de Paul. Il voulut prendre modèle à Senlis, et, s'adressant à son intime ami, lui demanda des renseignements sur cette bienfaisante association. « Est-ce qu'elle aurait pour but, répondit aussitôt M. Catel, de remplacer la Congrégation de la Ste Vierge? Tant pis alors. Je le regretterais profondément, à moins pourtant que la dite congrégation n'ait dévié de son antique route. Je suis du temps jadis; il y avait du bon, de l'exquis. A vous de juger du présent. D'ailleurs la *consécration du temps en tout* est la première des choses, tenons-nous-en au passé. C'est une jeune tête qui dit cela; la chose en perd de son prix, heureusement qu'elle en a beaucoup. » Lorsqu'il connut parfaitement les plans de son ancien professeur, il s'empressa d'ajouter : « J'ai tout compris, tout approuvé. C'est vrai, très-vrai, plus vrai que l'on ne saurait dire. La charité active, la bienfaisance chrétienne doit sauver notre époque. C'est la seule planche, c'est la bonne, c'est une bannière sainte sous laquelle la jeunesse doit s'enrôler, c'est le seul préservatif contre la débauche, l'unique sauvegarde de la foi et de l'espérance. Allez donc, pieux congréganistes, dignes émules de St-Vincent, portez surtout l'obole de la parole dans le cœur du pauvre, soyez riches de votre indigence et passez en faisant le bien. Mes vœux vous accompagnent et mon cœur vous suit. Que la distance ne ralentisse point vos pas; chacun vous sera payé. De plus délicats que vous n'hésitent pas à grimper jusque sous les tuiles, dans les babels de Paris, pour y découvrir les misères et y soulager les douleurs souvent coupables, mais toujours dignes de pitié. Allez et que la Congrégation et la Conférence s'embrassent comme deux sœurs, s'appuient naturellement et portent la vie au dedans et au dehors. Le denier de la veuve vaut autant que le fastueux dixième du pharisien. Que dis-je, il vaut plus et ce doit être là votre espoir. »

Pour montrer mieux encore comment le temps s'écoulait pour M. Catel, à St-Vincent, dans un travail opiniâtre et surtout dans la piété la plus sincère, que ne nous est-il permis de reproduire en entier toute la correspondance du jeune professeur avec son ancien directeur de St-Lucien ! Quels épanchements et quel abandon de ces deux âmes ! De la part du maître, quel désir d'être toujours utile à son élève, de lui faire distinguer le fictif du réel, de lui épargner la peine de faire de l'expérience, en lui donnant le trésor de la sienne. Et comme ces conseils francs et sûrs tombaient sur un cœur avide de les recevoir et d'en profiter ! « Bon père et affectueux ami, lui répondait-il un jour, et moi aussi je veux être expérimenté, c'est mon faible même. C'est mon bonheur d'être au spectacle de cette vie, et tout en y jouant mon petit rôle, je regarde du coin de l'œil les gros petits bonnets de la tragi-comédie. Je n'apprends pas à haïr les hommes, Dieu m'en garde ! mais je me rends compte de leur taille et je vois comme quoi ils se perdent souvent dans les bottes de sept lieues qu'on veut bien leur donner. Pygmées et misère, chose commune et déplorable ! Hélas !!! »

Un conseil reçu à de rares intervalles n'en a souvent que plus de poids, la trace en est profonde et l'effet en est sûr. Lorsqu'il en arrivait un de St-Lucien, dicté par le jugement rude et droit, écrit par l'affection si tendre au fond de M. Maillard, le jeune professeur de Senlis, en le méditant, évoquait le passé, faisait revivre mille scènes consolantes, il se trouvait heureux. Alors jaillissaient sous sa plume des élans de son cœur comme celui-ci : « Mon bon, mon cher, mon aimable maître. Vous m'avez donc enfin répondu ; je vous en baise les mains. Car enfin vous pouviez ne pas me répondre, vous en aviez le droit ; car tout bien considéré, vous ne me devez rien, tandis que je vous dois beaucoup. Oui ! beaucoup et c'est peu dire...

« Je porte maintenant une soutane, et j'ai trouvé dessous le bonheur. A qui en suis-je redevable ? A qui ? après M. Durozoy, c'est à vous, à vous qui pendant deux ans m'avez traité comme un ami, m'avez admis, pour ainsi dire, dans l'intimité de votre cœur. Oui, cet heureux contact, ces rapports francs et sans gêne m'ont fait un bien immense, m'ont donné des idées que je n'aurais peut-être jamais eues. Ce n'est pas tout pourtant. Depuis ces jours, vous êtes resté attaché à moi, attaché quand même, attaché comme un père à son enfant. Conseils, encouragements, épanchements de cœur, effusion de l'âme, j'ai eu tout, vous m'avez tout donné. Merci, bon père, merci donc mille fois. Je l'ai là sous mes yeux, la chère lettre, à certains moments je crois la voir s'agiter, je crois l'entendre parler, tant je confonds sa présence avec celle de l'ami qui l'a tracée !.. Je ne sais pourquoi, mais une lettre, surtout une lettre cordiale comme la vôtre, produit sur moi un effet inexprimable, elle allège le fardeau de la vie, car on se sent soutenu; elle encourage, car elle vous montre que l'on n'est pas seul sur la terre et que quelqu'un est là-bas, qui pense à vous, qui prie pour vous, qui vit pour vous.

« Qui vit pour vous ! ah ! le joli mot, ah ! la belle pensée ! ah ! la charmante vérité !... qui vit pour vous ! c'est tout un portrait, un portrait de prêtre, un portrait d'ami. Vivre pour les hommes, pour ses frères, pour les frères de Jésus-Christ... vivre pour leur faire du bien, pour les préserver du mal, vivre pour les aimer, vivre pour les bénir, vivre pour les absoudre, vivre pour les sauver ! Chose sublime, tâche divine ! Et dire que c'est ce que vous faites, que c'est ce que je ferai si Dieu m'en accorde la grâce, que c'est ce qu'en partie je fais déjà. Vive la vie et la croix !... Ah ! c'est que moi aussi je veux faire du bien, moi aussi je veux entrer au ciel à la tête d'un petit troupeau et dire à celui qui m'envoie : Voilà ceux que vous m'avez confiés. Comptez, Maître, il n'en manque pas...

« Je ne comprends la vie que comme cela. C'est comme cela que vous me l'avez apprise et vous avez bien fait. C'est comme cela que vous en usez vous-même, et vous faites mieux encore, c'est comme cela que vous en userez toujours bien.

« Vous me faites une délicieuse distinction des deux *moi*. Moi d'aujourd'hui, moi d'hier, vous ne vous ressemblez pas. Moi profane, moi sacré, moi de la science, moi de la croix, il n'y a pas de parenté entre vous et pourtant vous êtes tous deux en moi... Aujourd'hui l'un bâtit, demain l'autre renverse, et toujours et jamais.

« Que c'est drôle ! Dévorez Buffon, Lamartine, Gœthe; dévorez-les tout entiers et qu'en aurez-vous? Un peu plus de vide dans le cœur, un peu plus de trouble dans l'intelligence, un peu plus d'indifférence dans la vie. Et puis après cela, méditez un petit mot d'Evangile ou d'Imitation, digérez-le, et vous n'avez plus faim, vous êtes rassasié, vous avez le calme dans la pensée, vous avez confiance dans la vie. Le sort de l'homme d'étude roule entre ces deux points. Insensé trop souvent, trop souvent il porte sa main au fruit de l'arbre , qui perdit notre grand-père Adam... Est-ce à dire que la science est un mal? Ce serait un blasphème, une malédiction contre le ciel dont elle descend. Fille déchue, elle a perdu sa candeur; mais c'est le champ rebelle que l'homme doit défricher à la sueur de son front. Malheur à l'ignorant! malheur au prêtre ignorant! Son ignorance suffira pour le damner.

« Cher monsieur, les horizons de l'avenir s'ouvrent à vos regards, on dirait que vous voyez l'humanité grandir à vue d'œil et l'âge d'or s'ouvrir devant vos pas. Et vous avez raison. Quoiqu'on en dise, le monde secoue ses langes, il jette loin de lui les voiles qui couvraient ses yeux, les chaînes qui retenaient ses pieds, et s'écrie fièrement : Je veux vivre, je veux voir, je veux marcher! A bas les préjugés, à bas *toutes les tyrannies!* nous sommes tous frères, tous égaux devant Dieu. On l'avait oublié; oui! on l'avait oublié.

« Sans doute le moment est critique, sans doute l'issue est incertaine. Mais après tout, il n'y a presque rien à perdre et tout est à gagner. Il y a une Providence là-haut, il y a des hommes de cœur ici-bas, que faut-il de plus pour régénérer le monde? Quoiqu'il arrive, la religion y trouvera son compte et elle le trouvera bon. J'y crois comme en Dieu. — C'est donc vous dire que je suis plein d'espoir, de confiance, de désir et d'amour. Peut-être, que dis-je! assurément je dois comme les autres mettre la main à l'œuvre, fournir mon contingent. Je me prépare en science, je me prépare en vertu. »

A cette époque déjà, M. l'abbé Catel aurait pu se bercer de l'espoir d'être un homme *d'avenir*; mais il se bornait à acquérir des vertus solides, et à étudier sans relâche pour son examen, malgré l'état maladif dans lequel il était retombé. Il se plaignit plus tard (novembre 1850), en ces termes, de ce que sa santé s'affaiblissait de plus en plus : « Je travaille peu, je ne souffre pas mal. J'ai presque tout mon temps, mais le repos qu'on exige de moi m'en absorbe une grande partie. Il pourrait bien arriver que le bon Dieu disposât de mon âme... avant trente ans. Cette pensée me vient assez souvent, elle ne me fait point peur, j'aime même à l'entretenir. Cependant la bête humaine est toujours là qui crie et qui se plaint... Tant pis pour elle. Diable! je tiens plus à mon salut qu'à elle. La mort est femme de bon conseil, on ne veut pas trop en croire sa

2

voix grave et sévère. Peut-être vous figurez-vous, sur ce préambule sépulcral, que je vis comme un père du Désert, un vieux de la montagne, que j'ai renoncé à toutes les bagatelles de la littérature et du monde, que j'ai fait un pacte avec la tombe et que je m'amuse à la creuser chaque jour, tant je suis occupé de mes années éternelles ! C'est trop me croire sur parole. Peut-être voudrait-il mieux que j'en fusse là, mais encore ai-je un œil sur l'avenir, en cas de vie. Je tâche de me préparer à l'examen (ma santé me gêne beaucoup trop). Puis à Pâques je compte quitter Sᵗ-Vicent, gagner, s'il est possible, Sᵗ-Sulpice, puis... Enfin c'est tout un plan que je propose, tout en m'en remettant pleinement à Celui qui dispose. Ma faiblesse présente est un avertissement de Dieu, j'en suis sûr. Sans elle il me semble que l'ambition humaine me travaillerait étrangement, et que l'orgueil, ce fils de l'enfer, m'écarterait du droit chemin. La souffrance constate et fait constater le néant, qui n'est au fond que la réalité. Nous ne sommes rien.

« ... Après tout, sans la vraie piété, la vie n'est qu'une sottise, qu'une folie. Je vous crois, et à la lettre, quand vous dites que la science est une chose aussi vide que froide... Je l'éprouve déjà, moi qui commence à me mêler de cueillir des fruits de cet arbre, et malgré les satisfactions qu'on y trouve, les démangeaisons que l'on a d'aller de plus en plus loin, je soutiens qu'en réalité ce n'est qu'un leurre, mais un leurre brillant. Non pas que j'y renonce : je suis gonflé d'espérance, mais aussi je sens bien que ce n'est que de la bouffissure, et qu'un licencié et un docteur ne sont pas de droit des saints. Pourtant puisque je me suis occupé de licence, je veux aller jusqu'au bout. Je devais me présenter au mois de juillet (1850). Ma santé toujours faible ne m'a pas permis de travailler activement... »

Son but ne fut atteint que l'année suivante. Il prit le grade de licencié ès-lettres le 26 avril 1851, date inscrite sur le diplôme qui lui fut délivré par les professeurs de la Faculté de Paris. Pendant les vacances de Pâques, le lauréat dut quitter Sᵗ-Vincent, en se rendant cette justice à lui-même que ses études avaient été dirigées dans le *sens* de Dieu uniquement et qu'elles tendaient à l'avance vers le bien *direct* des âmes. C'est la meilleure part, et M. Catel avait l'intelligence trop éclairée pour prendre la moindre, quelque bonne qu'elle soit en elle-même. Travailler pour *l'humain*, c'est vanité, puis déception, puis temps perdu sans retour. Tout imbu de ces fortes pensées, il résolut d'entrer aussitôt au Séminaire de St-Sulpice, pour y faire ses études théologiques. C'est là, que nous allons le suivre, pour nous édifier à l'école de ses correspondances et de ses exemples.

III

« O Saint-Sulpice, écrivait M. l'abbé Catel, peu après son entrée, asile de la piété affectueuse, filiale, de la science solide, modeste, ennemie des faux brillants, du clinquant des rhéteurs, fais de moi un bon prêtre. Pour le reste, le ciel y pourvoira. Et puis, qui sait ce que nous deviendrons, si notre compte-rendu ne nous sera pas bientôt demandé? Il faut avoir des passe-ports en règle, c'est la première condition pour voyager. Béni soit Dieu qui m'a conduit ici, qui m'y conserve, qui m'y comble de faveurs! Je suis heureux où je suis, je ne demande à N.-S. que la santé pour pouvoir y rester et suivre bien les exercices. »

Le parfum de pieuse quiétude qui se répandait dans la maison de M. Olier, l'air de sainteté, de franche familiarité, de simplicité, de vertus apostoliques qu'on y respirait, arrachaient à l'élève du sanctuaire cette autre exclamation brûlante : « Ah! qu'il fait bon être ici ! La nature n'y trouve pas son compte, c'est possible, mais le bon Dieu a le sien. C'est en se comparant à ces saints jeunes gens, en les voyant à l'œuvre, qu'on se replie sur soi-même et que l'on se dit : Je ne suis qu'un vaurien. Il sont si recueillis, si mortifiés, si réguliers, si simples, si humbles, si charitables, si affectueux ! *Cor unum et anima una*... Candeur de sentiments, charité *inaltérable*, politesse exquise, bon ton général... partout vous êtes admis et bien admis. Américain, Irlandais, Anglais, Corse, Auvergnat, Picard, Gascon, Breton, Normand, tout cela se mêle, s'aime, se rend service et rivalise de prévenances. Etudes chrétiennes, vie intérieure, cachée, prière continuelle, journées passées en Dieu et pour Dieu, en Jésus et pour Jésus, en Marie et pour Marie : c'est le ciel sur la terre selon moi; c'est Nazareth au moins, et je ne regrette vraiment qu'une chose, c'est d'être indigne de tant de bonheur et de n'en pas profiter assez... »

Avec cet esprit de foi qui voit tout en Dieu, par Dieu et pour Dieu, qui comprend la retraite, l'oraison, la mort à soi et à tout le reste, s'abandonnant entièrement à la volonté du Père céleste, M. l'abbé Catel goûtait la douceur de sa cellule et les charmes de la vie du parfait séminariste.

« Rien de beau, disait-il, de grand, de commode comme cet abandon complet à la sainte volonté de Dieu. C'était le cheval de bataille de St-Vincent de Paul ; il ne bronche jamais. Et pourtant on tergiverse pour l'enfourcher, on s'affaire, on s'agite, on cherche, on craint, on désire, on espère, on va, on vient et l'on fait tant que l'on oublie que Dieu dispose et que c'est fort heureux pour nous et pour Lui. Tout ce qui arrive bien ou mal est un bien. »

Au bout de deux mois écoulés dans ce séjour béni, le 22 novembre 1850, il envoyait, en ces termes, à un ami de Beauvais, l'expression de son amour envers la Patronne du Séminaire : « Ah ! c'est à S. Sulpice qu'on honore, qu'on aime, qu'on vénére, qu'on prie en tout et partout et toujours Marie, la Vierge fidèle, le modèle du prêtre... A chaque pas vous rencontrez ses statues, ses images ; à chaque moment se célèbrent *pompeusement* ses fêtes. Hier encore, fête de la Présentation, fête du Séminaire, fête de la rénovation des promesses cléricales, je fus aux anges d'édification. Le Nonce du Pape officia. MM^grs d'Arras, de S.-Flour, de Carcassonne, de Châlons, etc. assistaient ou plutôt prenaient part à la cérémonie ; l'élite du clergé de Paris était aussi représentée. Quel ravissant spectacle ! quel brûlant amour pour Marie ! quel enthousiasme dans le chant de l'hymne *Quam pulchrè graditur*, du *Te Deum*, des Litanies, du *Magnificat* ! C'est à donner la foi à l'incrédule, la vie à un mort. Marie, voilà le modèle qu'on nous propropose après Jésus. On nous fait sentir les analogies qu'il y a entre elle et nous, on nous fait méditer sur son *intérieur*. C'est la patronne, la reine, la gloire, la vie de S.-Sulpice. On ne suit en cela que les traditions du pieux M. Olier.

« Ce culte de la Ste Vierge donne à la piété du Séminaire je ne sais quoi de pur, de filial, de touchant qui va droit au cœur et l'entraîne malgré lui. On l'aime *passionnément* cette mère bénie, on l'étudie, on pénètre les mystères de sa vertu, de sa beauté intime. A la maison de campagne se trouve une charmante chapelle de *Notre-*

Dame-de-Lorette, copie fidèle de la véritable. A l'arrivée, au départ, chacun y va faire son pélerinage, c'est une joie, une consolation, un bonheur. Aussi, je l'avoue, jamais je n'avais conçu la piété envers Marie comme je le fais maintenant. Espèce d'esprit-fort, de fat ignorant que j'étais, je ne daignais pas m'abaisser aux petites pratiques à l'endroit du culte de Marie. Aujourd'hui, je comprends, je lutte contre mon passé, je tâche de redevenir *enfant*, chose si rare aujourd'hui. On est tout, savant, zélé, vertueux ; mais redevenir enfant avec l'Enfant Jésus, redevenir naïf, simple, candide, c'est trop. Ce n'est pas de notre siècle, dit-on. Tant pis pour notre siècle. Je veux être du passé, du temps de S. Bernard. Mais non, je suis de S. Sulpice, cela suffit. »

L'affectueux enfant de Marie croissait en sagesse et en vertu sur cette terre classique de la piété, qu'il appelait « son Paradis, » envisageant ainsi, sous l'œil de Dieu, les futures grandeurs du Sacerdoce : « Sacerdoce ! c'est un mot mystérieux et sublime sur lequel ma pensée ne s'arrête qu'en tremblant. Toujours il m'inspira un effroi involontaire et me fit replier sur moi-même, dans une confusion, une honte impossible à décrire... que de choses en deux mots : Prêtre... toujours ! La Providence a bâti l'homme de telle sorte qu'il est assez petit, assez borné pour être incapable de sonder toutes les profondeurs de la dignité à laquelle il aspire. Autrement il reculerait. On fait ce pas solennel en partie tête baissée, en aveugle, ou plutôt en toute obéissance, en toute humilité, en toute simplicité de cœur. On est comme ce serviteur de l'Evangile ; on lui dit : allez, et il va. Que Dieu nous tienne compte de notre docilité enfantine, sinon nous serions perdus. » Cette note trouvée dans les papiers du pieux séminariste, fut écrite deux ans avant l'ordination du sous-diaconat, vers laquelle tendaient tous les élans de son cœur généreux.

A la ferveur dans ses exercices de piété, il joignait un grand amour du travail, une excessive avidité de connaître la science de Dieu, pour en faire profiter plus tard les âmes de ses frères. « Que l'étude de notre sainte religion est une belle et sublime chose ! que de merveilles dans les plans de Dieu, quand on sait en entrevoir seulement la magnifique ordonnance : l'Incarnation, la grâce, les Sacrements !... Quels prodiges, quel admirable enchaînement ! quelles sources de grandeur, de vie ! quelle création nouvelle, quelle divinisation pour l'homme ! Je commence à peine à jeter les yeux sur tout cela et tout cela me ravit, me touche, m'enflamme. Oui, quoiqu'on en dise, la théologie est la science des sciences. La belle littérature n'est rien auprès d'elle. Je reviens de bien des illusions sous ce rapport. Je veux pourtant avoir, conserver, acquérir de la littérature, c'est le charme de la vie ; de la théologie, c'est le pain du prêtre ; mais aussi la littérature et même la théologie, avec ses considérations élevées, n'est rien non plus sans la charité : *Si caritatem non habuero, nihil sum.*

« Hélas ! l'ai-je bien cette charité, cette science et cet amour de Jésus et de Jésus crucifié, cette intelligence des mystères de la souffrance, de la douleur et du sacrifice, ce goût des choses de Dieu, cet amour de la vie intérieure et cachée, cet attrait pour l'*ama nesciri*, cette correspondance parfaite aux mouvements d'en haut, ce renoncement généreux à mon *moi* et à ses capricieuses faiblesses, ce dépouillement du vieil Adam pour revêtir J.-C., tout cet ensemble enfin qui fait la vie spirituelle, la vie nouvelle, la vie des saints ?.. Je ne suis encore qu'à l'a b c de la chose... »

Que n'avons-nous la place, dans les limites trop restreintes d'une Notice, de continuer des citations si touchantes ! La correspondance du pieux séminariste avec son ancien professeur d'histoire naturelle, à qui les sciences « de pierrailles et de papillons » apparaissaient chaque jour moins importantes auprès de la science de bien faire et de faire du bien, nous fournirait une mine inépuisable. On ne saurait lequel admirer le plus de ces deux cœurs qui avaient la clef l'un de l'autre, qui s'inclinaient et s'épanchaient comme des urnes trop pleines, qui se livraient à un doux commerce de sentiments et de charité. Béni soit donc le maître plein d'une bienveillance paternelle, onctueuse, qui mit ainsi à la disposition de son élève le trésor de saints conseils, de sagesse chrétienne, d'esprit évangélique qu'un bon prêtre possède toujours, même quand sa modestie veut soutenir le contraire et réussit à se le persuader. Béni soit également l'élève docile, avide de toute bonne parole tombée d'une bouche amie. Après l'avoir savourée tendrement, il nous réservait, comme un doux passe-temps, la pieuse satisfaction de jouir des fleurs de son esprit et de son cœur. Ces fleurs toujours fraîches ne mériteraient pas le sort de celles de l'herbier... Mais il faut se borner.

Après la première année passée dans la ferveur, le travail et la piété, lorsque les vacances s'ouvrirent, M. l'abbé Catel fut demandé comme précepteur du jeune comte de St.-G., en Bretagne. « Ces vacances ont été charmantes de tout point, écrivait-il, en revenant au bout de trois mois. J'ai couru la Bretagne en tous sens; j'ai étudié les coutumes, les mœurs, les costumes, les légendes; je me suis trouvé en rapport avec une trentaine des meilleures familles du pays; j'ai sillonné la Manche et visité ses îles et pêché son poisson; j'ai vu Brest et ses galériens et ses vaisseaux de guerre, et la plus belle rade du monde, et une flotte appareillant dans son sein; j'ai vu Lorient assis sur le vaste Océan, Vannes, la vieille cité bretonne, Nantes la jolie, la riche, la délicieuse, la préférée de mon cœur. Partout j'ai savouré une à une les jouissances semées sous mes pas. On va voir la Suisse, la Bretagne est aussi pittoresque et puis elle a ses clochers à jour, ses dentelles de pierre, ses côtes sauvages, ses dolmens, ses pierres druidiques, ses bruyères sombres, la langue des vieux Celtes et la piété des anciens jours. »

Il rentra au mois d'octobre suivant dans son cher séminaire, heureux d'entendre de nouveau la parole solide, sans fard, pleine de doctrine de M. Carrière. « Notre bon professeur porte partout sa bonhomie et son accent gascon, écrivait-il à son retour; mais l'expérience lui sort par tous les pores. » Aux mercuriales, aux examens, dans les dissertations, dans les argumentations suivant la forme scolastique, partout M. Catel se montrait avec honneur. Aussi fut-il bientôt choisi pour diriger, avec une élite de confrères d'un rare mérite, le grand Catéchisme de Persévérance de Saint-Sulpice, et par suite chargé d'une conférence de Saint-Vincent-de-Paul. Son passage à la Persévérance, pendant plusieurs années, comme catéchiste, puis comme directeur, a été une des phases les plus brillantes et les plus décisives de la vie de M. Catel. C'est là que, encore élève, il a révélé toute son aptitude et sa véritable passion pour l'éducation de la jeunesse. Successeur, collaborateur ou émule de MM. Le Rebours, curé de la Madeleine, Taillandier, curé de Saint-Augustin, Delaporte, supérieur des Pères de la Mission, Van den Brule et Massard, l'un curé, l'autre premier vicaire de Saint-François de Sales, il se trouvait entouré de jeunes séminaristes pleins de talent, de piété et d'avenir comme le bon abbé de Fontenelle, l'aimable gentilhomme du Jura, qui vient de mourir archiprêtre de Dôle, le modeste abbé Hello devenu l'apôtre des enfants du patronage de Nazareth, l'abbé Bernard qui lui succéda et devait, lui aussi, évangéliser les jeunes gens des écoles de Paris, M. de Cabrières, aujourd'hui évêque de Montpellier, le R. P. V. de P. Bailly, des Augustins de l'Assomption, etc.

M. Catel eut la bonne fortune de se trouver à Saint-Sulpice au moment où cette belle Persévérance, renommée dans toute la capitale était, pour ainsi dire, à son apogée. Sous l'impulsion du vénérable M. Icard, supérieur de Saint-Sulpice, on avait groupé là toute une pléiade d'enfants distingués et de jeunes hommes de talent qui, âgés de 18, 20 ans et plus, rhétoriciens, philosophes, normaliens même et polytechniciens se pressaient chaque dimanche aux pieds de N. D. de la Persévérance, sans respect humain, librement, joyeusement, dans la chapelle basse de Saint-Sulpice, véritable catacombe à peine éclairée, où ils faisaient de la théologie avec bonheur et s'édifiaient par le bon exemple.

« Quand j'évoque par la pensée, nous écrit un des persévérants favoris et, depuis, intime ami de M. Catel, le souvenir de notre excellent directeur, durant ces jours de douce mémoire, ce qui m'apparaît comme caractère le plus saillant, c'est cette chaleur d'âme, ce zèle débordant, cette sympathique figure, ce cœur et ces bras toujours ouverts, cette attitude volontiers militante, cette parole facile et pourtant châtiée, cette autorité de langage qui tournait quelquefois à l'éloquence et que nos pères, avocats, magistrats, se prenaient parfois à admirer et à envier. C'est, dans ses instructions, cette lucidité d'exposition, cette précision et cette exactitude dans la correction des analyses, cette verve dans ce que nous appelions le *Jeu des bons points*. C'est, dans ses homélies, cette piété attendrie, c'est surtout cette onction attrayante dans les exhortations adressées spécialement aux associés du Saint-Sacrement. C'est la maturité, l'expérience, la finesse de ses avis moraux aux jeunes gens dont il était adoré, sa franche camaraderie de bon aloi avec les grands, sa condescendance pour les plus petits, quand, avec sa grande taille qui leur paraissait gigantesque, il se penchait vers eux, ou les soulevait jusqu'à sa bouche et à son regard. C'est le prestige que lui donnaient ses fortes études, son titre de licencié, son goût littéraire, dont il donna souvent des échantillons charmants dans ces spirituels résumés, où les jours de grande fête, il condensait nos compositions de style, en prose ou en vers, avec un enjouement qui ne dégénérait jamais en trivialité.

« C'est encore le soin jaloux qu'il avait pour l'honneur de son catéchisme et le choix des présidents aux jours de solennités ; c'est le zèle avec lequel il décidait à y venir les membres les plus illustres de l'Episcopat ou du Clergé, le tact exquis avec lequel il les recevait et les complimentait. C'est enfin l'abnégation avec laquelle il sacrifiait toutes ses récréations du Séminaire aux visites de ses persévérants et de leurs familles ; cette amabilité gracieuse avec laquelle il recevait nos mères, nos sœurs, même nos domestiques porteurs de nos petites commissions..... »

On le voit, ces catéchismes ont laissé de profonds souvenirs dans la mémoire de ceux qui les suivirent. Quant à leur directeur, voici comment il envisageait cette belle œuvre. « La Persévérance me fait encore plus de bien que je ne lui en fais. C'est un ministère tout entier, sauf les sacrements. Dans huit jours nous allons avoir une loterie qui nous donne 1,500 francs pour nos pauvres. C'est de l'apostolat et de la charité. Ajoutez à cela que nous ne sortons pas de notre vie de retraite, de recueillement, de silence, d'esprit intérieur. Je remercie Dieu vraiment de m'avoir appelé à travailler à cette belle œuvre. Jamais je n'en trouverai d'aussi utile, d'aussi douce au cœur... Formons des hommes, la France en a besoin, la religion plus encore. Si elle devait jamais périr, cette religion sainte, sur le sol de notre patrie, ce serait que des cœurs virils, généreux, héroïques lui feraient défaut. Formons des hommes, des âmes bien trempées, des cœurs hauts, des volontés d'acier. Formons des chrétiens, mais chrétiens jusqu'au sang, jusqu'au martyre. Il le faut. Ce que je vous dis, je me le dis à moi-même, je me le répète sans cesse et toujours. Quand on se trouve vis-à-vis de trois cents jeunes gens, à l'âme ouverte, franche, candide, sympathique ; quand on se sent entre les mains les rênes de tous ces cœurs impétueux, qui bondissent comme des coursiers ; quand on se dit : Je les tiens, j'en suis maître, ils sont à moi ; c'est une cire molle que je puis pétrir à mon gré, ce sont des troupes fraîches que je puis enivrer de la fumée des batailles, et lancer comme des lions aux combats du Seigneur, c'est l'avenir dont je dispose, c'est le salut de milliers d'âmes peut-être qui va dépendre de moi : alors je vous l'assure, on se jette à corps perdu entre les bras de Dieu, on se livre à son Esprit, on donnerait tout au monde pour avoir un cœur d'apôtre. Il faut autre chose que des mots pour remuer ces âmes, il faudrait ce feu sacré qui dévore les saints prêtres, cet attrait de la grâce qui renverse, qui dompte, qui relève, qui ranime, qui vivifie, qui transforme, qui divinise. Oh ! si un saint était à ma place !... quelle terre féconde ! quelle moisson pour le ciel ! quel diadème pour le grand jour ! »

Le zélé catéchiste comptait beaucoup sur les grâces d'état pour suffire à une telle besogne, où il fallait donner l'impulsion, recevoir des visites, répondre à tous et de tout, entretenir correspondance. Jamais, toutefois, il ne se départit de l'esprit d'humilité, de la pureté d'intention, de l'union habituelle avec N. S. Il l'avouait lui-même en ces termes : « J'apprends tous les jours à ne voir les enfants qu'avec les yeux de la foi et à ne les aimer qu'avec le cœur de la charité et dans la seule espérance de faire un peu de bien à ces âmes si précieuses devant Dieu. C'est là le terrain véritable. Autrement on s'agite, on s'affaire, on se dépite, on brusque tout; on tâtonne, on n'a ni but, ni voie, ni boussole. On s'imagine pourtant arriver à quelque chose. Mais on arrive à voir qu'on n'est arrivé à rien. Œil droit, cœur pur, intention sainte, tout pour la plus grande gloire de Dieu. En un mot la Charité : voilà toute la loi. Hors de là, c'est misère, enflure du vent. »

Cette ardente charité ne se renfermait pas dans les murs de la Chapelle basse de St-Sulpice. Pour un de ses persévérants M. Catel serait allé au bout du monde; il les connaissait, il s'informait d'eux, il les suivait dans leur carrière, leurs succès ou leurs écarts. Que ne pouvons-nous citer des traits multiples de sa grande bonté pour ceux qu'il appelait si justement « ses amis ! » « Moi qu'il n'avait connu que sur les bancs de la Persévérance, nous écrit l'un d'eux en apprenant la nouvelle de sa mort, j'ai trouvé en lui l'ami le plus fidèle que j'aie eu. Il n'a jamais manqué de devancer ma lettre au premier jour de l'an, de me faire sa première visite à ses voyages de Paris, de m'écrire des lignes charmantes pour ma fête, le jour de la saint Joseph, qui lui rappelait chaque année, disait-il, sa sœur, son évêque et son persévérant. » C'est ainsi qu'à l'exemple du bon Maître, il voulait se faire tout à tous et se préparait par le zélé le plus actif et un dévouement sans bornes au redoutable honneur du Sacerdoce.

IV.

Le moment le plus solennel dans la vie du lévite est l'ordination du sous-diaconat. Tout le passé y aboutit, tout l'avenir s'y rattache. Un pacte se fait entre l'homme et Dieu ; l'homme a le beau rôle, il se donne corps et âme, pieds et mains liés ; et Dieu se donne en retour avec sa grâce, avec sa gloire. Délicieux échange ! doux liens cimentés par le plus pur amour ! Un souvenir commémoratif de ce grand jour, que M. l'abbé Catel appelait « le jour des jours, le géant, l'unique », et ses lettres d'ordination nous apprennent qu'il reçut le sous-diaconat des mains de Mgr Sibour, archevêque de Paris, le 21 mai 1853, à la métropole.

Il faut ici laisser parler le nouveau sous-diacre dans le ravissement de son âme ; nous la trouverons toujours éloquente. « Vive Dieu et Notre Dame ! *Consummatum est !* J'ai fait le pas, mon corps l'a fait et mon cœur aussi. Je ne tiens plus à rien de ce qui ne tient pas à Dieu. J'ai rompu avec tous les rêves de la terre, rêves de gloire et de fumée. J'ai pris mon égoïsme à deux mains, je l'ai brisé sur le pavé de Notre-Dame, je l'ai contraint d'être généreux jusqu'à se sacrifier tout entier lui et ses petits talents, lui et ses grandes misères, lui et ses mille et une affections qui collent à terre. Que ma part est belle ! autrefois je le savais, maintenant je le sens. Etre à Dieu sans partage ; avoir mis un abîme entre le monde et soi ; s'être fait avec J.-C. victime et victime sans tache, hostie de louange et de propitiation, homme de douleurs, holocauste d'amour : voilà le sous-diacre. Voilà ce que je suis, ou plutôt ce que je dois et veux être.

« Le pas n'étant pas encore fait, l'anxiété vous dévore ; la nature se révolte, le démon vous obsède, le monde vous peuple l'imagination de fantômes ; on se tâte et on se trouve si faible, si pauvre de mérites, si vide de vertus !... Et puis à quoi s'engage-t-on ? Chasteté éternelle, prière éternelle, obéissance éternelle. Quel redoutable fardeau ! Quel enfant des hommes ne serait écrasé sous son poids ? Pourtant la grâce parle au cœur, elle presse, elle invite, elle révèle mille attraits cachés dans le joug que Dieu présente. Puis le Directeur, Dieu lui-même vous dit : « Avancez » — Vous faites des représentations. — « Avancez, et ne craignez point, » vous répète-t-il encore. Alors il faut céder, une dernière lutte s'engage ; puis la paix se fait, le calme rentre dans l'âme ; la victime se résigne, se prépare.

« C'était là ma préoccupation, ma crainte ; c'était de ne pas recevoir dans sa plénitude la grâce de l'ordination : et cela par ma faute ; Dieu fait tout en nous, mais il ne fait rien sans nous. Etais-je bien digne de sa complaisance ? Mon sacrifice serait-il pour lui d'agréable odeur ? Ma misère, revêtue des mérites de J.-C., trouverait-elle grâce devant ses yeux ? C'était ce qui me tourmentait.

« Enfin le moment arriva, moment délicieux, car le cœur aime à se donner et jamais mieux que là il ne peut se donner. Plus de cent jeunes hommes tombèrent avec moi. Vous dire ce qui se passa alors dans mon âme, c'est impossible. Crainte, confiance, joie, douleur, tout se mêlait, se heurtait, se détruisait tour à tour, mais tout était dominé par cet immense désir, ce *volo* solennel, ce *fiat voluntas tua*, cet abandon entier, cette demande que je faisais avec instance de rester plutôt cadavre sur le pavé que de me relever pour renier tant soit peu mes serments.

« Pendant ce temps mes larmes coulaient et le Pontife priait sur nous. Et puis je me relevai. C'était fini : mon cœur se fondait. O croix bénie, à peine commençais-je à vous porter que vous me portiez déjà et je recevais les consolations avant même d'avoir éprouvé les douleurs !... »

M. l'abbé Catel entrevoyait la dimension absolue des choses ; c'est une grâce de Dieu, mais son cœur en était attéré. Il tremblait d'*improviser* un prêtre en lui. A cette pensée son âme faisait un bond en arrière et, sachant que la prière « est le sauf-conduit de la paix », il écrivait à un ami : « Oh ! priez bien pour moi. Invoquez sur moi l'Esprit-Saint, qu'il se donne à moi *ad robur*, qu'il anime, qu'il fortifie ce bois sec, ce roseau. Je veux être un saint pour être un prêtre. » Il reçut l'Esprit d'en haut dans sa plénitude par le Diaconat, le 17 décembre 1853, à l'église de St-Sulpice.

Ne voulant plus qu'une chose, obéir à la voix qui lui disait « de se faire prêtre avant de l'être fait », il ne voyait rien au-delà pour son avenir. Une lettre flatteuse de l'évêché d'Evreux vint tout-àcoup le surprendre au milieu de sa paisible solitude. Mgr Olivier, qui avait ses vues sur son diocésain, le priait de l'aller voir après Noël, manifestant l'intention de l'ordonner prêtre dans les premiers jours de janvier 1854. M. Carrière fut mis dans le secret de cette ordination précipitée ; il s'agissait, dans les desseins de l'évêque, de placer M. Catel à Pont-Audemer pour y relever le collège ecclésiastique. Grâce à la discrétion du vénérable Sulpicien, ces projets planèrent seulement comme un soupçon fort probable au-dessus de la pensée du jeune diacre. Pour obéir quand même à la voix de son évêque, il lui eût fallu sacrifier la fin de ses études théologiques, renoncer aux derniers jours du séminaire, les plus précieux de tous, et quitter une vie de silence, de prière, de paix chrétienne et de douce joie. L'embarras était grand. « Je suis résigné à la volonté de Dieu, disait le fervent lévite, mais je ne me sens pas prêt pour ce sacerdoce imminent. Je voudrais mon année, je crois que c'est mon bien. » Dans ce moment de légitime hésitation, il se jeta avec une filiale confiance entre les bras de Marie, lui demandant un sourire qui passât sur son âme comme la brise passe sur les flots pour dissiper leur amer tumulte et il s'endormit entre les bras de la Providence. M. Carrière s'était chargé de répondre à Evreux et de gagner du temps. « Evreux se tait, disait M. Catel, il me laisse mon année ; c'est mon bien, mon bonheur. » Toutefois au bout de cinq mois, Mgr Olivier revint faire une nouvelle instance auprès de « son très cher diacre. »

Il lui écrivit le 19 juin : « ... Si M. le Supérieur général veut bien y consentir, je désire que vous puissiez recevoir l'ordination dans les vacances. Je suis pauvre et j'aurai besoin de vous. Que Dieu vous comble des saintes joies de St Sulpice ; elles ne s'effacent jamais ni du cœur ni de la mémoire. Je le sais et j'ai le bonheur de les éprouver encore. »

Le futur prêtre ne se sentait pas plus en mesure de répondre à ce second appel qu'au premier. L'ordination des vacances ne lui souriait nullement. « J'espère pouvoir retarder jusqu'à Noël, écrivait-il, j'ai besoin de temps, je le sens. Le sacerdoce est une montagne, plus j'en approche, plus elle me paraît à pic et dans les nues. » Il résolut cependant, dans la crainte que ce ne fût son reste de séminaire, de ne quitter St Sulpice qu'au terme extrême de l'année scolaire 1853-54, c'est-à-dire à l'Assomption, au lieu de sortir le 25 juillet comme d'ordinaire.

Cette décision prise, une préoccupation subite s'empara de lui. Il avait des goûts, des inclinations, ou, comme il voulait bien les appeler, des « velléités » pour la vie commune et religieuse. Il crut que c'était l'heure d'implorer du ciel avec plus de ferveur grâce et lumière, et voulut faire une retraite. Un attrait indéfinissable le portait vers une humble communauté qui eut toujours ses préférences. M. l'abbé Bessière, de son côté, voulait qu'il entrât dans la Compagnie de Jésus et à ce sujet des visites furent faites au R. P. de Pontlevoy. « Ah ! si je parlais d'être jésuite, écrivait alors M. l'abbé Catel, quel émoi dans ma famille, que de réclamations, que de plaintes, de larmes, de colères ! Tout cela ne me coûterait rien, ou plutôt ne m'arrêterait pas : que Dieu parle, il suffit. »

Animé de ces sentiments, il demanda huit jours et alla s'enfermer à l'Oratoire de l'Immaculée-Conception, rue du Regard. Ce fut la retraite « la plus sérieuse, la plus consolante et la plus douce de ma vie » affirmait-il lui-même. Il y fit, sous la direction du R. P. Pététot, une élection en forme, d'après la méthode de St Ignace ; il pesa le pour et le contre de tous les états possibles, avec une impartialité parfaite, et il lui resta clairement démontré que, jusqu'à nouvel ordre, il devait être prêtre de l'Oratoire. Il fit part de sa décision et de ses motifs à son directeur de Saint-Sulpice, à qui le tout parut surnaturel et selon Dieu. La voie indiquée, il fallait la suivre ; mais il y avait un abîme à franchir, la volonté de l'évêque d'Evreux qui tenait à M. Catel, qui lui avait déjà fixé un poste important et qui devait être hostile à son entrée à l'Oratoire. On commença une neuvaine, on confia le soin de cette affaire à la Sainte-Vierge ; puis, le 16 août, le jeune diacre montait à l'assaut, allait trouver Mgr Olivier pour la première fois et réclamer la sainte indépendance des enfants de Dieu. Son exposé fut si clair, si net, son argumentation fut si vigoureuse dans sa modération, et Marie inclina si bien le cœur du prélat, que le *non* fatal, tant redouté, ne sortit pas de ses lèvres. Après des représentations de toutes sortes, l'évêque finit par dire que, avant de se décider définitivement, son diocésain devrait retourner à Saint-Sulpice jusqu'à Noël, y recevoir la prêtrise et alors comme alors ; que si le directeur spirituel ratifiait son choix d'un ordre religieux, lui, évêque, renoncerait enfin à son idée fixe.

Le sursis accordé était ce que M. l'abbé Catel pouvait espérer de mieux ; aussi vit-il dans ce fait le doigt de Dieu. Cependant il ne regardait pas encore la question comme tranchée ; il fallait que le temps confirmât son désir et que le divin Maître montrât bien haut sa volonté formelle. M. Catel rentra donc à Saint-Sulpice au commencement d'octobre 1854, pour s'y préparer dans la vie de Bethléem, de Nazareth, du Calvaire et du Tabernacle à ce sacerdoce depuis longtemps suspendu, pour ainsi dire, sur sa tête et qu'il voulait honorer à tout prix.

Sur ces entrefaites, Mgr Olivier avait rendu son âme à Dieu, le 17 octobre 1854. Cet événement ne pouvait entraver en rien la vocation de M. Catel ; lorsque, un mois après, il fut appelé à la prêtrise, des lettres dimissoriales arrivèrent par les soins de M. Heudebert, chanoine d'Evreux, et des vicaires capitulaires. Le samedi 23 décembre, il fut ordonné, dans l'église de Saint-Sulpice, par Mgr Bonamie, archevêque de Chalcédoine. Jeune prêtre, dans la fleur et les parfums de son récent sacerdoce, il attendit le jour de Noël pour offrir son premier sacrifice. Ce fut à la chapelle de la Persévérance. Confidents intimes de ce touchant spectacle, seuls ces enfants, ces jeunes hommes d'alors qui s'agenouillèrent devant le nouveau prêtre, lui demandant de lever sur eux, pour les bénir, ses mains humides encore de l'huile sainte, pourraient nous dire quelle explosion de sentiments de joie et de reconnaissance débordait de son cœur. Nous pouvons l'affirmer, les émotions brûlantes de son sacerdoce n'ont jamais été dans son âme comme une lave refroidie.

Le mercredi suivant, M. l'abbé Catel se rendait à cette pieuse invitation du R. P. Pététot : « Ce sera pour nous une grande joie de vous voir dire une de vos premières messes dans notre petite chapelle. Je préférerais que ce fût mercredi fête de St Jean, l'aîné des enfants adoptifs de la T. S. Vierge, que nous aimons tant parce que lui-même a tant aimé la Sainte-Vierge. » Bientôt après, il revenait à l'Oratoire, ayant dit adieu à la vie de Saint-Sulpice, « tissue d'or et de soie, et dont chaque minute était une perle.... Singulier théâtre que Saint-Sulpice, où l'on se voit tout juste pour s'aimer et être susceptible de souffrir à l'heure de la séparation.... Ce sera toujours trop tôt et avec des larmes que je quitterai tes murs, sainte maison, et je me mépriserais comme on méprise un ingrat, si jamais je cessais de te louer et de te bénir...» C'est avec ces accents émus que le nouvel oratorien exprimait ses regrets.

A l'Oratoire, il retrouva une autre solitude, un milieu d'esprit surnaturel, de confiance en Dieu, de sainte humilité, de piété tendre et recueillie, de longues heures d'oraison et de prière; son cœur avait tout ce qu'il lui fallait. Cette congrégation se résume en deux mots : étude et prédication, avec Marie immaculée pour couronne. C'est une œuvre qui a sa place sous le soleil du bon Dieu.

Toutefois le séjour de M. Catel dans cet Institut ne fut qu'une des transitions de sa vie. Il sentait qu'il était fait pour la règle, pour la porter et pour l'imposer. « Je suis Marie aujourd'hui, écrivait-il de l'Oratoire, pour être Marthe demain. » L'éducation de la jeunesse l'attirait d'une manière irrésistible, mais il ne se croyait pas encore suffisamment préparé et cherchait dans l'Oratoire des leçons, des exemples et peut-être une carrière. Il but avec avidité aux sources que lui ouvraient des maîtres si pleins de talents et de vertus, tels que le vénérable P. Pététot, l'ardent P. Gratry, le savant P. de Valroger, l'illustre P. Perraud, aujourd'hui évêque d'Autun, le généreux abbé Henri Perreyve, etc. Enfin, soit que cette Congrégation, alors naissante, lui parût encore un peu théorique et ne répondît pas complètement à ce besoin de vie active qui le tourmentait, soit que sa santé altérée ne lui permît pas de prendre un engagement définitif de viser « à plus haut, à plus rude, » soit à cause de sa famille, ou de ses rapports avec ses deux diocèses, où l'on avait pour lui des places toutes prêtes, M. l'abbé Catel cédait aux vives instances qui partaient de Beauvais pour l'y faire revenir. Déjà, en le félicitant de sa promotion au sacerdoce, M. l'abbé Heu, supérieur du Grand-Séminaire, lui avait écrit, le 16 décembre 1854 : « Je demande qu'il plaise à la Providence de replanter l'arbre dans la pépinière où il a grandi; il s'y plaira bien, j'en suis sûr. Pourquoi ne l'espérerais-je pas? Si cette pensée vous vient, ne la rejetez pas comme une tentation; acceptez-la comme une inspiration. » Et le 18 mars 1855, M. le supérieur ajoutait : « ... Vous voyez nos besoins; ils sont extrêmes. Lorsqu'un homme réduit à l'extrémité demande du pain, l'étranger même se croit obligé de lui en donner; il voit la volonté de Dieu dans la prière qui lui est adressée. En m'adressant à vous, certes je ne m'adresse pas à un étranger, mais à un enfant du pays, à un ami. N'est-ce pas la Providence qui vous à

conduit à Beauvais ? N'est-ce pas elle qui par là-même vous a fait ,
l'enfant de Beauvais ? Aujourd'hui votre mère vous expose ses besoins ; elle fait appel à votre cœur. Ne devez-vous pas voir dans
cet appel une manifestation de la volonté de Dieu ? Il parle par les
circonstances que sa Providence a ménagées... Je vous expose un
bien certain à faire, un bien que vous êtes certainement capable
de faire et que les circonstances semblent vous donner à faire... »

Durant ce temps, Mgr de Bonnechose avait été nommé à l'évêché d'Evreux. Sur la demande du R. P. Pététot et de Mgr Gignoux,
il consentit avec beaucoup de bienveillance, avant sa prise de pos-
session, à fermer les yeux et à laisser partir M. Catel ; après, il ne
promettait plus rien. Le 6 août 1855, M. l'abbé Catel quittait l'O-
ratoire et envoyait ces lignes à un ami : « J'estime infiniment l'œuvre et son but, je vénère et chéris ses membres. Je prie pour que
Dieu les bénisse et que Notre-Dame les protège. Je n'en dirai jamais que du bien... »

C'en est donc fait, le diocèse de Beauvais devient la patrie d'a-
doption de celui que la Providence ramène parmi nous, si bien préparé à embrasser une œuvre d'abnégation absolue, de dévouement
complet, à devenir enfin directeur quelque temps au Grand-Séminaire et puis notre *cher Supérieur* à Saint-Lucien. Nous soulignons
à dessein ces deux mots.

V.

Au mois d'octobre 1855, M. l'abbé Catel occupa la chaire de
philosophie au Grand-Séminaire. « Je suis ici, écrivait-il le 23
novembre, dans le sanctuaire de la science et de la science sacrée.
Tout, autour de moi, s'agite comme un essaim d'abeilles ; chacun
veut faire son rayon de miel. » Ses anciens élèves se souviennent
des agréables et solides leçons de ce maître, doué d'une rare maturité de jugement, dont l'imagination ingénieuse savait, du sein de
sa richesse, répandre sur chaque idée la couleur et la vie.

Il avait le feu sacré, ce levier de l'enthousiasme qui soulève,
entraîne et ravit les jeunes intelligences. Une preuve convain-
cante nous en reste dans ce qu'il disait à propos de la classe
de Prédication, dont on l'avait chargé par surérogation.

« Rien ne mine l'organisme comme cette surexcitation d'une parole ardente, qui fait vibrer toutes les cordes de l'âme et bouillir tout le sang des veines. Pour moi, c'est ce que j'éprouve; ce n'est pas ce que l'on dit qui épuise, c'est ce que l'on sent et ce que l'on veut faire sentir, c'est l'âme des mots, l'esprit de la parole. »

Plongé dans les profondeurs de l'être, dans les rapports étourdissants du fini et de l'infini, dans les erreurs monstrueuses et les transcendantales folies du panthéisme de toute nuance, le nouveau professeur écrivait au mois de mai suivant : « Je suis enchanté de refaire à neuf et au sérieux ma philosophie. Quelque soit l'étude à laquelle, plus tard, on s'applique, philosophie et poésie sont deux merveilleuses ailes, avec lesquelles on s'élève et l'on descend et dans le faîte et dans les profondeurs des choses... Du reste le nid du Séminaire est doux, calme et paisible. C'est ce qu'il me faut. Pas trop loin des hommes et très près de Dieu. »

C'est à l'un de ses anciens confrères de Saint Sulpice, professeur à Valence et devenu directeur de l'*Ami des familles*, qu'il parlait ainsi. Dans une lettre toute fraîche, coquette, plaisante et spirituelle, comme il savait les faire, il appelait cette feuille hebdomadaire « l'un de ces petits sachets tout gorgés de saines odeurs, qu'on lance périodiquement sur la surface de notre pays, pour y assainir l'air et détruire les miasmes corrupteurs. » Puis il traçait au zèle de son ami la tâche qu'il devait remplir pour *élucider la vérité*, selon l'expression de l'Ecriture, pour faire passer par la raison pour aller à la foi, à la charité et vers un temps meilleur, notre siècle, dont les plaies intellectuelles et morales sont si profondes. Il énumérait ainsi ces grands maux : « industrialisme sans entrailles, matérialisme et sensualisme pratiques, positivisme brutal, démoralisation sauvage qui ronge jusqu'à la moelle toutes les classes, bouleversement dans les esprits de toutes les notions des devoirs, des vérités de sens commun, absence totale de sens chrétien, paganisme bâtard, idolâtrie du moi et divinisation de la matière. »

Qu'on nous pardonne de reproduire cette sommaire et triste appréciation de M. Catel sur son époque. Il n'était pourtant pas de ces esprits qui considèrent tout en noir; il aimait au contraire à voir l'espérance fleurir au fond des âmes et rien ne lui semblait navrant comme le spectacle de cœurs blasés, qui désespèrent de leur pays et de la religion, comme si elle pouvait mourir. Aussi tous ses efforts tendaient-ils à inculquer dans les âmes de son entourage la sainte énergie, l'ardeur du zèle, l'austère esprit de sacrifice et d'immolation continu, l'amour passionné du divin Maître et la haine toujours active, toujours militante du mal. Voilà ce qu'il voulait *en plein* dans les cœurs, dans les habitudes, dans les paroles et dans les actes, pour répondre aux besoins du présent d'alors, comme aux éventualités de l'avenir.

Pendant trois années (1855—1858), M. Catel partagea sa vie au Grand-Séminaire entre l'étude de la philosophie et la prière, goûtant les suavités de la solitude que Dieu remplit et que des amis véritables égaient cordialement. Au mois d'octobre 1858, le vénérable M. Bessière quittait St-Vincent pour reprendre la direction du Petit-Séminaire de St-Lucien, à laquelle une mauvaise santé obligeait M. Thorel de renoncer. On reconnaissait encore M. Bessière aux saillies impétueuses de son esprit ; c'était un torrent, un courant d'idées faisant place nette, brisant tout, bouleversant tout sur sa route, une conviction, une trempe d'acier ! Mais son autorité un peu austère autrefois, s'était singulièrement adoucie avec les années. Mgr Gignoux lui désigna M. l'abbé Catel comme collaborateur immédiat. M. Bessière reprit de nom la responsabilité de supérieur, qui devait reposer de fait sur son ancien élève, avant qu'il en eût reçu l'héritage officiel.

Le nouveau directeur accepta le fardeau généreusement, « ce pesant et cher fardeau, disait-il, qui épouvante mais qui console, lourde charge, charge d'âmes présentes et à venir... » Voici comment il appréciait cette œuvre à laquelle il s'est donné tout entier pendant vingt ans, qui était son élément, sa vie, qui fut sa joie et aussi son martyre : « Se dévouer corps et âme aux enfants, à la formation de Jésus dans leur cœur, les préserver ou les arracher de la boue, les détacher de la terre, les soulever vers Dieu, les initier peu à peu à la vie de la foi, du zèle, du sacrifice, préparer enfin quelques bons prêtres à la sainte Eglise notre mère, certes il faudrait que mon ambition fût bien grande, pour que je ne fusse pas content de ma part de vigne. » Il ne demandait à Dieu que de remplir son cœur parce que, il se plaisait à le dire, « il devait être une fontaine d'eau vive, où les *oiseaux du ciel* pouvaient venir s'abreuver. »

Nous avons trouvé dans son bréviaire un vieux papier jauni, gardé comme un mémorial dans un livre qui sert tous les jours.. De cette grosse écriture, connue de beaucoup, il avait tracé ces mots que nous ne commenterons pas parce qu'ils furent la devise et le plan de toute sa vie: « J. M. J. *Pour Dieu et pour les âmes.* PRIER. SOUFFRIR. AGIR. *Fiat!* » Un ministère entrepris avec d'aussi généreuses dispositions ne pouvait manquer d'être béni de Dieu.

Du premier coup, M. Catel, n'étant encore que Directeur de St-Lucien, sut acquérir une grande autorité sur le personnel de la maison et se concilier le respect et l'affection de tous, des maîtres, des élèves et des parents. A sa bienveillance exquise, à son amabilité parfaite, à son caractère sympathique, à sa dignité et à sa distinction naturelle, à sa noble figure, si fine et si ouverte, à son regard qui pénétrait dans les âmes en y faisant pénétrer la sienne, à son coup d'œil sûr pour discerner, pour juger, d'après la seule physionomie, les aptitudes et les garanties d'un enfant, tous ressentaient en lui un homme *supérieur*, admirablement préparé pour la mission délicate qui lui était confiée. Aussi Mgr Gignoux, digne appréciateur du vrai mérite, s'empressa-t-il de le récompenser, en le nommant chanoine honoraire, le 10 octobre 1860. « Acceptez cette distinction, lui écrivit S. G., comme une preuve de mon estime et de mon tendre attachement. » A l'une des lettres de félicitations bien méritées, qu'il reçut en cette circonstance, le nouveau chanoine répondit : « Un grain de vertu vaut mieux que des montagnes d'honneurs. Priez pour que je travaille bien les chères âmes de nos enfants, sous l'œil et sous la main de Dieu. »

La parole de M. Catel, simple et saisissante, éloquente sans phrase, remarquable surtout par la justesse de la pensée et l'élégance des épithètes choisies, avait révélé déjà ses qualités littéraires. Son beau talent de bien écrire et sa grâce de bien parler notre langue si *chatouilleuse*, comme disait le P. Ventura, brilla surtout dès la première année, à la distribution des prix du Petit-Séminaire. Il y prononça le discours d'usage, dans le style toujours élevé et pur, marqué au coin de cette sagesse pratique, de cette compétence consommée en matière d'éducation, dont jusqu'à la fin ses écrits portèrent l'empreinte. C'est justice de le dire, chacune des solennités classiques de distributions de prix, à Saint-Lucien, ajouta un anneau à ces excellents traités de pédagogie dont la chaîne avait été si heureusement commencée, à St-Vincent, par l'abbé Poullet, et continuée avec tant de succès par l'abbé Magne. Chaque année, M. Catel se fit un devoir d'exposer ses idées et de rendre compte de ses actes, devant l'auditoire le plus sympathique et le mieux disposé à applaudir ses discours, véritables petits chefs-d'œuvre, qui sont aujourd'hui, pour la plupart, entre toutes les mains. (1)

Depuis le mois d'octobre 1858, il était associé, dans une large mesure, à la direction du Petit-Séminaire. Mettant à son service une expérience de quarante années, M. Bessière l'avait initié pleinement à l'art si difficile d'élever la jeunesse ; l'heure était venue où, mieux que ne le fait un père, il devait lui transmettre, avec sa sagesse et son cœur, l'héritage qu'il lui avait préparé. Le 25 janvier 1862, Mgr Gignoux, accompagné de Mgr l'évêque de Belley, vint donc installer solennellement M. l'abbé Catel supérieur de St-Lucien. Nous croyons entendre encore les acclamations chaleureuses et prolongées qui couvrirent la voix de notre vénérable évêque, lorsqu'il annonça le grand événement du jour et déclara hautement les espérances qu'il fondait sur le nouveau Supérieur, pour l'avenir de la maison. Nous avons présente à la mémoire cette réponse de M. Catel, que rien ne surprenait, puisqu'il était prévenu. Sentant tout le poids de la responsabilité jetée sur ses épaules : « Que la volonté de Dieu, dit-il, et la vôtre, Monseigneur, soient faites. La Providence, qui impose le fardeau, don-

----

(1) Voici la liste de ceux qui ont été mis en brochure :

Les Vacances. — Discours prononcé le 6 août 1859.

Le Petit Séminaire. Discours prononcé le 7 août 1860.

La Conscience. (De son rôle dans l'éducation). — 6 août 1861.

Des Études. — 5 août 1863.

Du Caractère. — 5 août 1865.

Du Respect. — 3 août 1872.

De la Politesse. — 2 août 1873.

Du Cœur. — 5 août 1874.

De la Famille dans l'Éducation. — 7 août 1875.

Du Condisciple dans l'Éducation. — 5 août 1876.

Mentionnons également la remarquable lettre épiscopale sur *les Vocations ecclésiastiques au temps présent,* 19 mars 1873, dont M. Catel est l'auteur. — Plusieurs évêques ont demandé l'autorisation de la reproduire. — Voir n° 388 de la Collect. des œuvres de Mgr Gignoux.

nera la force de le porter. Après Dieu, je compte sur votre bienveillance et vos encouragements paternels ; je compte sur le dévouement éprouvé des bons et dignes confrères que vous m'avez donnés ; je compte enfin sur la docilité, sur la foi, sur le cœur de ces chers enfants, pour lesquels je veux dépenser ma vie. Les bénédictions de deux prélats ne seront pas de trop pour une si rude tâche (1). »

Dans le secret de son âme, M. Catel aspirait à une bénédiction et plus pleine et plus haute encore. C'est à Rome, au cœur de l'Église, au cœur de Pie IX qu'il s'empressa d'aller la solliciter pour lui et pour son œuvre, au moment des fêtes de la canonisation des martyrs japonais. Pendant son absence M. Bessière avait bien voulu continuer de gouverner le Petit-Séminaire. Heureux pèlerin de la Ville éternelle, M. le Supérieur aspirait tous les parfums qu'exhalent ses sanctuaires vénérables, ses reliques sans nombre, ses souvenirs qui élèvent si haut. « Ce sont les délices de mon âme, écrivait-il le 24 mai 1862, et je me roule dans tout cela comme une abeille dans le calice des fleurs. Malgré la dissipation inhérente fatalement aux voyages rapides, mon cœur ne peut pas s'attiédir et chaque matin il se réchauffe au cœur de Dieu et de ses saints... »

Ces joies si douces devaient être hélas ! de courte durée ; elles furent brisées soudain par un des coups les plus douloureux. Suivant sa digne épouse dans la tombe, à moins d'une année de distance, M. Catel père mourait, le 7 juin, presque subitement. M. le Supérieur apprit cette triste nouvelle par un télégramme rapide ; mais malgré son départ immédiat de Rome, il n'eut pas la consolation d'arriver à temps pour rendre à son cher défunt les derniers devoirs de la piété filiale.

Si le vide se faisait ainsi dans sa vie, à Saint-Lucien du moins

---

(1) Parmi les nombreuses félicitations adressées au nouveau Supérieur, nous citerons seulement celle-ci de Mgr Devoucoux, évêque d'Évreux : « J'applaudis de grand cœur à l'acte par lequel Mgr l'Évêque de Beauvais vous a appelé à la direction de son Petit Séminaire, malgré que ce soit un lien de plus avec un diocèse, qui me ravit un des prêtres que je dois le plus regretter de voir éloigné de mon propre diocèse. La générosité du sacrifice est près de Dieu une éloquente prière ; j'attends donc une bénédiction du ciel pour ma résignation. Votre personne et votre œuvre seront souvent l'objet de mes supplications. »

il trouva des confrères qui partageaient sa douleur et des enfants qui cherchaient par tous les moyens à l'adoucir. Aussi pouvait-il à son retour nous adresser cette parole affectueuse : « Plus la famille selon la nature disparaît, plus je m'attache de cœur à la famille d'adoption que le bon Dieu m'a donnée. »

Ces peines intimes qui laissent sur une âme délicate, sensible et aimante d'ineffaçables impressions, ravivèrent une des dévotions favorites du généreux Supérieur ; il s'efforça plus que jamais de la répandre autour de lui : nous voulons dire la charité envers les défunts. Etant encore à l'Oratoire, il écrivait (25 avril 1855) : « J'aime singulièrement à penser à nos amis morts, à m'entretenir avec eux. C'est une des joies les plus pures d'ici-bas, c'est un avant-goût de là-haut. Et puis rien ne donne du nerf, de l'élan, de l'abnégation, de la vie de foi, des ailes pour monter et attirer après soi, autant que ce commerce familier avec *ma sœur la mort*, comme disait Saint-François d'Assise... Socrate, raconte-t-on, souriait à la mort, et cela de fort près. Ce serait vraiment triste qu'un prêtre de Jésus-Christ ne sût pas lui sourire de loin. Sourions-lui donc, et, comme le gladiateur antique à l'empereur qui l'envoyait à la mort, disons-lui avec foi, espérance et amour : *morituri te salutant*.

« Ne vous épouvantez point de cette tournure funèbre. Je ne suis pas une ombre ni un fantôme, sinon pourtant une ombre de prêtre et un fantôme de vertu. Oh ! quelle pensée salutaire, féconde et illuminatrice que la pensée de la mort ! C'est un miroir placé aux confins des deux mondes ; il réfléchit sur le temps et la nuit toutes les splendeurs de l'éternité. C'est la clef du présent, c'est le berceau, c'est l'aurore de la vie future, c'est la dernière Pâque, ce suprême *passage* de nos languissants *Alleluia* de la terre aux joyeux *Alleluia* du ciel. »

Afin d'exciter une tendre compassion en faveur des trépassés, il avait publié, en 1861, pour les élèves du Petit-Séminaire le *Trésor de l'Enfant pieux*, recueil des principales indulgences applicables aux âmes du Purgatoire et les plus faciles à gagner. Pour lui désormais il se fit un devoir de cœur « de penser à ses amis morts » en offrant tous les jours le divin sacrifice pour ses parents et pour les âmes si chères, si délaissées, si souffrantes du lieu de l'expiation. Il n'accepta jamais, jusqu'à son départ de Saint-

Lucien, de disposer autrement du bénéfice de la Sainte-Messe.

Le digne Supérieur en était justement persuadé, les salutaires impressions d'une piété aussi franche que tendre ne pouvaient qu'ajouter à l'ardeur de ses enfants pour l'étude, à leur persévérante énergie dans le travail et à leur amour bien ordonné des lettres, des sciences et des arts. Dans ce but, il s'efforçait d'en faire aimer de tous, des grands comme des petits qu'il préparait à la 1re Communion, les pratiques faciles et les belles solennités religieuses avec leurs chants délicieux, et les diverses œuvres de charité et de zèle. A cette fin encore, il consacra si souvent, à traiter le grave sujet de la piété, le temps des *Lectures spirituelles* et celui des *Méditations* spéciales aux membres de la *Congrégation de la Sainte Vierge*, qu'il tenait à diriger lui même, les réunissant tous les samedis dans la *petite Chapelle* restaurée avec un soin jaloux.

Il lui en eût coûté beaucoup d'entendre dire d'un élève qu'il avait de l'intelligence, de la facilité, une brillante mémoire, que même par son travail, progressant tous les jours, il ferait d'excellentes études et deviendrait un sujet distingué, quand on se voyait réduit à ajouter, en finissant : La piété lui fait défaut, on ne voit pas qu'il en tienne compte et se mette en peine de l'acquérir. Alors il tremblait pour l'avenir ; car la piété n'est remplacée par rien absolument, mais elle peut compléter ce qui manque par ailleurs. Il voulait qu'elle fût respectueuse, tendre, active et aimable. Il savait et disait à merveille que « si les hommes parfois la rétrécissent, la piété, ce sentiment du devoir poussé jusqu'à ses plus exquises délicatesses, n'a jamais rétréci les hommes ; qu'elle sert à tout et ne nuit à rien ; que pour porter l'enfance efficacement au bien il faut atteindre son âme, en passant par son cœur. » On comprend que pour donner ainsi un continuel essor à la piété, au désir inné du bien, il recommandât sans cesse et cette orientation du cœur, des pensées et des actes, vers l'auteur de tout don parfait, et ce traitement divin des infirmités de l'âme, et ce retour fréquent à la source sacrée, d'où jaillit la vraie vie, avec les larges effusions de la grâce, et ce tribut tout-à-fait libre et spontané de foi et d'amour, qu'il appelait la *part à Dieu*, c'est-à-dire le sacrifice de quelques minutes de récréation, de trève aux jeux, pour visiter le Saint-Sacrement.

Trois fois M. Catel procura au Petit-Séminaire de Saint-Lucien la rare fortune de posséder un prélat illustre, un ravissant apôtre, un conquérant des cœurs que le ciel vient de réclamer à la terre. Mgr de Ségur, par je ne sais quel parfum suave, quelle vivante chaleur, quelle vertu douce et forte qui s'échappait de sa belle âme, sut inspirer à tous, durant ses retraites, au début de l'année scolaire, un merveilleux attrait pour les choses de la piété. Et tandis que dans notre siècle de scepticisme railleur, une trop nombreuse jeunesse grandit à l'école du ricanement et du mépris, comme il était consolant pour notre regretté Supérieur et père, de sentir au cœur de ses enfants l'arôme qui préserve du mal! de les voir puiser dans la conscience et dans la foi, l'influence divine qui assure sur les passions même les plus fougueuses d'éclatants triomphes! il tenait ainsi dans la main un mobile qui peut suffire à tout, pour gouverner la jeunesse avec la fragilité de son âge, avec sa pétulante mobilité et parfois ses accès de paresse et d'humeur. Avec la piété, la conscience devient elle-même le meilleur maître de discipline et le muet censeur des petits désordres échappés à une nature légère. L'autorité portant au front le cachet divin trouve confiance et respect dans le cœur pieux. Aussi bien la conscience et le sentiment chrétien du devoir sont les plus puissants auxiliaires du travail fortement organisé.

M. le Supérieur traçait lui-même, d'une main sûre, le plan des études. Sa compétence en matière d'enseignement fut si bien appréciée, que l'*Alliance des maisons d'éducation chrétienne* le voulut pour l'un des sept membres composant le Comité de l'œuvre. Il choisissait les auteurs, visitait les copies de chaque jour, en signalait les fautes les plus choquantes contre la syntaxe ou l'orthographe, qui ne pouvaient être que le fait de la paresse ou d'une impardonnable étourderie. Il faisait la guerre aux défauts d'élocution et commandait le respect pour la lecture du latin, insistant sur l'accentuation, dont il avait résumé les règles dans un *Appendice* ajouté à la grammaire. Il dirigeait la marche des classes avec prudence, la surveillant avec exactitude, l'activant avec une constante ardeur par ces moyens d'émulation intelligente et soutenue, qui sont de la plus haute importance pour donner aux classes de l'intérêt, de la vie, de l'entrain, et qui, répondant à souhait à l'inclination du cœur de M. le Supérieur, lui permettaient d'encourager beaucoup et le dispensaient le plus souvent de punir.

Combien d'anciens élèves de Saint-Lucien auront longtemps présente à leurs yeux cette scène des places proclamées à l'étude ! Ils s'en souviendront avec joie : lorsque, aux applaudissements de tous, le groupe des professeurs entrait, ce qui frappait les regards, c'était cette taille superbe de M. le Supérieur, cette démarche noble, cette figure se détachant avec distinction, portant dans des yeux effacés des regards pleins du feu d'une âme qui se montrait si vive, et ces grands gestes à l'heure de la parole et de l'action, en un mot cette légitime fierté de l'homme, du prêtre qui se sentait la tête et le cœur, au Petit-Séminaire, de l'œuvre qu'il avait si bien comprise et tant chérie ! Combien aimeront à se souvenir de ces billets de sagesse et d'honneur, de ces témoignages de satisfaction et de ces premières places conquises aux examens, ou dans les compositions, et distinguées à la couleur du ruban dont M. le Supérieur, avec un bon mot sur les lèvres, se plaisait à les décorer ! *Hæc olim meminisse juvabit.*

M. Catel entendait le vrai côté de l'éducation : atteindre l'âme et le cœur des enfants. Aussi fut-il toujours entouré de la sincère affection de tous ses élèves. Il n'y en a pas un « qui ne se rappelle de quelle façon il savait dire ces simples mots : Mon cher enfant ! Il y mettait, pour reprendre ou pour encourager une inflexion telle qu'on se sentait tout de suite heureux ou troublé, et qu'on s'en allait toujours meilleur et l'aimant davantage. » (1)

Le retour de sa fête (S^t. Jean-Baptiste) était une cause d'allégresse, une occasion de réjouissance pour la maison de Saint-Lucien. La bonne joie des cœurs se traduisait sous mille formes ingénieuses, poésies et discours, fables remplies d'à-propos, chants pleins de grâce et de majesté. Nous étions heureux d'entendre notre cher Supérieur répondre à nos vœux. Voici le thème ou canevas, resté dans ses notes et portant la date du 23 juin 1869, qu'il développait en cette circonstance. « J'accepte comptant ce que votre cœur vous a inspiré pour me faire fête, pour disposer en mon honneur un superbe bouquet varié, éclatant, parfumé. De la façon la plus fleurie, la plus aimable, la plus mélodieuse, la plus charmante, vous savez offrir vos protestations d'amour et de reconnaissance. Je vous prends volontiers au mot sur toute la ligne. Je reconnais

---

(1) *Nouvelliste de Senlis*, 30 avril 1881.

là votre bon cœur. Des âmes délicates et bien nées doivent toujours être reconnaissantes du bien qu'on leur a fait et même de celui qu'on voudrait leur faire. Après avoir mis de côté ce qu'il y a de trop flatteur dans vos compliments proprement dits, laissez-moi renvoyer la meilleure part à vos excellents maîtres. C'est grâce à ces bien-aimés confrères, à notre entente si cordiale, à leur concours si désintéressé, si fidèle, après Dieu c'est à eux que je dois le bonheur de pouvoir vous faire un peu de bien. Mais encore, mais tous tant que nous sommes, et vos maîtres et moi nous ne sommes que d'humbles ouvriers, de modestes instruments, des *voix*, comme S^t. Jean-Baptiste, qui exhortent, pressent, conseillent, quelquefois gourmandent et menacent, qui toujours bénissent et toujours crient, comme l'alouette à ses petits : Montez, montez vers Dieu, le ciel, la science, la vertu, tout ce qu'il y a de grand, de noble, d'élevé. C'est Dieu qui est le grand maître de vos âmes, le grand modèle des vertus, le grand ami de votre bien, de votre avenir. A lui donc avant tout et surtout honneur, gloire et reconnaissance. Soyez dociles à ses inspirations, à son appel. Ne vous contentez pas de vous laiser faire, de ne pas trop résister, mais un peu d'élan généreux, de feu sacré, d'aspiration vers le mieux, et cela, coûte que coûte, malgré la gêne, la lutte, le sacrifice. Je vous en conjure, ne vous bornez pas à des compliments. C'est chose délicieuse, surtout quand ils sont tournés de la sorte. Mettez surtout vos actes d'accord avec vos paroles et vos promesses. Vous savez combien je suis heureux quand tout est en bonne voie. Il nous faut et il vous faut des progrès, des fruits consolants, un travail opiniâtre en tout ordre de bien. Que les caractères se forment, les volontés s'assouplissent, se fortifient, que les cœurs soient bien joyeux, bien à l'aise, bien en paix et que Jésus connu, aimé, servi, imité, règne dans les âmes... » Puis suivait le dispositif de la fête : petit gala au réfectoire, grande promenade à la maison de campagne de Goincourt, parfois séance récréative de physique et de prestdigitation, feu d'artifice, etc.

La fête de M. le Supérieur était aussi pour les élèves l'occasion d'une pieuse libéralité, aussi louable qu'utile. Se cotisant pour une copieuse offrande, ils firent don successivement à la chapelle de verrières, de plusieurs ornements et de chapes, de statues, d'un tapis d'Aubusson, d'une bannière du Sacré-Cœur... « Votre générosité me pique d'émulation, disait M. Catel, le jour où l'on offrait deux beaux reliquaires de bois sculpté. Je veux de mes propres deniers déposer, entre les mains du collecteur, autant juste qu'il aura pu recueillir de tous. Tant pis si vous me ruinez, je prendrai la besace. »

Le 27 novembre 1866 Mgr Devoucoux avait essayé par un dernier moyen de rendre au diocèse d'Evreux le supérieur distingué qu'il enviait au nôtre. Sans en parler, par discrétion, à son collègue de Beauvais, il lui faisait les offres les plus instantes d'un canonicat titulaire vacant à Evreux. A cette nouvelle tentative, M. Catel répondit sans tarder : « Votre lettre si personnellement persuasive vient me surprendre en pleine retraite. Je suis touché de l'estime affectueuse que vous m'y témoignez; je voudrais la mériter d'avantage.

« Certes j'aime de cœur ma Normandie, mon diocèse, et les âmes qu'il contient et les œuvres organisées pour leur salut... Mais la Providdence a voulu que Beauvais élevât ma jeunesse; elle a permis qu'au début de mon sacerdoce, avec l'agrément de Son Em. le Cardinal de Bonnechose, on me confiât un poste important dans l'éducation. Depuis lors, j'ai tâché de répondre de mon mieux à l'attente de mes supérieurs; j'ai eu des rapports intimes avec une grande partie du clergé; j'ai pris racine dans le diocèse; je suis à la tête d'une Maison qui marche convenablement, grâce à Dieu, et dans laquelle plus que jamais je me trouve en mesure de faire un peu de bien. D'ailleurs j'aime cette sorte de ministère, préférablement à tout autre et j'y trouve de vraies consolations.

« Vous voyez donc, Monseigneur, que je puis me croire à ma place et dans ma vocation. Je ne voudrais pas en conscience me refuser à ce qui me serait démontré le plus grand bien. Mais il me semble que, maintenant du moins, il est où je suis, plutôt que dans le poste d'honneur que V. G. penserait à me proposer.

« Veuillez donc, je vous en conjure, agréer l'assurance de ma plus filiale gratitude et souffrir que je reste au poste qui me réclame. »

Deux ans après, Saint-Lucien faillit voir partir son supérieur pour aller remplacer M. Magne à Saint-Vincent. « Pendant près de deux mois, écrivait M. Catel, le 12 mars 1868, cette épée de

Damoclès a été suspendue sur ma tête. Jugez si j'ai souffert ! Quitter ce cher Saint-Lucieu, cette Maison que j'aime tant, où je suis tant aimé, où j'ai mon œuvre en train, où il importe tant que les choses aillent du mieux possible.

« Notre bon évêque ne m'aurait enlevé qu'avec de vifs regrets. Il avait, disait-il, la main forcée ; il n'y avait que moi... et je ne sais combien d'autres choses et flatteuses et navrantes à la fois. Mais l'orage s'est dissipé. Je reste dans mon coin bien recueilli, *bien près de Dieu, bien loin du monde*. Dieu seul ! Jésus et les intérêts de son Cœur sacré, l'Eglise et son triomphe dans le monde et dans les âmes : voilà notre noble tâche. »

Au milieu de l'année 1869, M. Bessière quittait sa retraite de Saint-Vincent où sa forte constitution se ruinait sensiblement. Il lui fallait l'air de la campagne, un vaste jardin à visiter selon sa fantaisie, quelques amis, quelqu'un pour lui lire le journal. Se sentant mourir lentement, il demanda comme une grâce de venir passer ses derniers jours au milieu de ses enfants de Saint-Lucien, qu'il chérissait entre tous, dans cette maison bénie qui était son œuvre, sa consolation, sa gloire, son espérance. Bientôt entouré d'affection et de soins, il s'éteignait, le 7 septembre 1869, entre les bras de M. le Supérieur qu'il aimait comme un fils. Ses obsèques, célébrées dans la chapelle du Petit Séminaire, ressemblèrent à un triomphe.

En confiant à la tombe les restes mortels de son prédécesseur, M. Catel tenait à conserver le cœur du fondateur de Saint-Lucien, comme une consolation à la fois et comme une exhortation. Grâce à son affectueuse initiative, deux monuments furent élevés à la mémoire du vénéré défunt, l'un dans le cimetière de Beauvais, l'autre dans la chapelle du Petit-Séminaire, où le 4 février 1870, il fit solennellement le dépôt du précieux souvenir. Bientôt il publia une *Notice biographique sur M. Bessière.*

C'était au retour de son second voyage à Rome, où il avait revu Pie IX et obtenu de sa main une bénédiction spéciale pour Saint-Lucien. Mgr Gignoux, en effet, avait appelé M. Catel, au moins pour un temps, à l'honneur si envié de l'accompagner auprès du Saint-Père, de pénétrer dans l'enceinte du Concile du Vatican, ouvert le 8 décembre 1869, d'admirer la majesté incomparable de l'auguste assemblée, d'en suivre les graves délibérations, les votes solennels avec une curiosité qui n'enlevait rien au respect. Pendant son absence de deux mois, M. Catel avait laissé ses enfants sous la paternelle direction de l'excellent M. Sagnier, professeur de rhétorique. Les élèves du Petit-Séminaire n'ont pas oublié avec quel enthousiasme sincère, avec quel transport d'allégresse M. le Supérieur fit célébrer la fête de Saint-Pierre (1870), autour d'une majestueuse et gigantesque statue du chef de l'Eglise, élevée au milieu de la chapelle, lorsque le dogme de l'infaillibilité pontificale fut proclamé comme une vérité aussi ancienne que l'Evangile.

A la fin de l'année scolaire 1869-70, un long cri de guerre retentit et fit tressaillir la France entière. C'est au moment même du départ pour les vacances, qu'on apprit la triste nouvelle d'une première défaite. M. le Supérieur avait eu la consolation d'entendre les élèves solliciter, comme une grâce, de pouvoir transformer leurs prix en secours aux blessés et de les envoyer sans retard à la frontière. Il disait dans son discours de distribution : « Ces couronnes de 1870, de l'année mémorable du Concile œcuménique du Vatican, ne rappelleront pas seulement à nos enfants les travaux opiniâtres de dix mois d'étude et les luttes pacifiques qui les terminent ; elles feront longtemps revivre dans leur âme le doux souvenir d'un de ces nobles actes de désintéressement et de sacrifice, qui seront l'honneur et la consolation le leur vie. »

Les élèves à peine sortis, la Maison s'emplissait de séminaristes d'un nouveau genre, de pauvres enfants de la patrie, de nombreux mobiles auxquels M. le Supérieur ménagea de son mieux les secours spirituels. Bientôt l'invasion gagna comme un incendie ; une morne terreur pesait sur toutes les âmes ; bien des établissements d'éducation n'osaient rouvrir leurs portes. Le 4 octobre 1870, pendant que Beauvais était occupé par une garnison étrangère, M. Catel écrivait à chacun de ses enfants pour leur demander de venir, le 15, reprendre avec résolution et courage le cours de leurs chères études. Confiants en la prudente sollicitude de leur Supérieur, ils rentrèrent tous, et, même en plein théâtre de la guerre, au milieu des Prussiens qui occupaient une partie de la Maison, quelquefois au bruit sinistre de la canonnade, mais jouissant toujours du bénéfice de l'isolement, ils continuèrent dans la solitude de Saint-Lucien leurs pacifiques travaux. M. le Supérieur ne pouvait ni ne devait laisser ignorer à ses enfants les catastrophes et les revers de la

France. Il n'en fallait pas tant pour jeter sur leur jeunesse d'elle-même si gaie, si insouciante, si pleine d'espérance, comme une teinte de mélancolie, comme un voile de deuil. Eux si naturelle-portés à n'apprendre dans notre histoire que les gloires de la patrie, comme ils restaient surpris, étonnés, stupéfaits, à chacune des nouvelles de nos lamentables désastres ! Et puis quelle révélation pour eux que l'existence parmi nous des hommes de la Commune et de leurs sauvages exploits ! Mais M. le Supérieur, loin de les laisser aller à une consternation muette et stérile, ne cessait de les exhorter à pousser vers le ciel leurs cris de détresse. D'un autre côté, avec quel avide empressement ils l'écoutaient raconter aussi tout ce qui pouvait relever à leurs yeux cette patrie d'autant plus aimée qu'elle était plus à plaindre ! Comme leur cœur tressaillait au récit de tant de traits héroïques, de tant de magnifiques dévouements inspirés par le vrai patriotisme et soutenus par la foi ! Comme ils célébraient avec transport et la froide intrépidité de nos marins et la sublime bravoure des zouaves pontificaux, cette fleur de nos martyrs sous la bannière du Sacré-Cœur ! comme ils se plaisaient à admirer sur les champs de bataille et dans les hôpitaux le zèle infatigable de nos aumôniers militaires, de nos frères ambulanciers, de nos sœurs de charité ! Et après cela ils se trouvaient sans effort disposés à tirer, avec leurs maîtres, pour le bien de leur vie, les conclusions pratiques de tant de cruelles expériences et de tant de mémorables exemples. C'est ainsi que M. Catel voulait rendre les enfants de Saint-Lucien capables d'honorer l'Eglise qui les élève et de servir la France qui les attend.

En 1871, M. Catel fut l'objet d'une distinction honorifique que nous ne saurions passer sous silence. Mgr Gignoux lui écrivait : « Bon et cher Supérieur, Veuillez recevoir, comme une marque de ma haute estime et de mon affectueuse confiance, ces lettres de Grand Vicaire que je suis heureux de vous remettre. J'ai voulu qu'elles fussent datées du jour de l'Assomption de la Très-Sainte Vierge, votre mère et la mienne. » Disons-le tout de suite, en passant, Monseigneur qui comptait pleinement sur le cœur et le talent de M. Catel, le désirait pour coopérateur plus immédiat. Juste appréciateur du mérite, il le signala deux fois à l'attention du Gouvernement, comme l'un des prêtres les plus capables d'honorer l'Episcopat. Une autre fois même il sollicita directement du Maréchal de Mac-Mahon la faveur d'obtenir M. Catel comme Coadjuteur. C'était trop pour la profonde humilité du digne Supérieur qui n'aurait pas accepté cet honneur, bien qu'il fût en mesure de rendre à l'Eglise tous les services qu'elle lui eût demandés. S'il ne fut pas évêque, il mérita de l'être, au témoignage du vénérable Mgr Gignoux lui-même :

« Où l'oracle a parlé, l'homme n'a qu'à se taire. »

Le 3 avril 1872, M. Catel présidait une agape amicale, projetée jadis par les anciens élèves de la classe de troisième, que professait M. Lefèvre, avant de devenir préfet de discipline. On nous pardonnera de reproduire ici le toast de M. le Supérieur. Un mot c'est plus qu'un souvenir, c'est presque la présence, presque la parole. « Mes chers Amis, Je vous félicite de tout cœur de votre fidélité à un vieil engagement (12 ans de date), à un fraternel rendez-vous. Je vous remercie de la franche et cordiale joie que vous tous vous me paraissez éprouver, à vous trouver réunis dans ces murs du Petit-Séminaire, à ressusciter vos souvenirs de jeunesse, à rajeunir dans votre âme vos pensées, vos sentiments, vos dispositions d'autrefois. Tout cela honore grandement la délicatesse de votre cœur. Tout cela nous touche, nous console et nous encourage. Tout cela, j'en suis sûr, portera bonheur à votre avenir.

« Quant à l'excellent M. Lefèvre, votre maître vénéré, mon fidèle Achate, le héros de cette petite fête de famille, je le sais si modeste que, malgré tout le besoin que j'en éprouve, je n'ose rien dire à sa louange. Seulement en parlant de moi autant au moins que de lui, je puis citer la sainte Ecriture : *Beatus qui invenit amicum verum. — Amico fideli nulla est comparatio. — Vinum novum, amicus novus. Veterascet, et cum suavitate bibes illud.* » (Eccles. IX. 15.)

Aujourd'hui M. Lefèvre n'est plus. (1) En parlant de ce bon

---

(1) Il est décédé le 28 février 1881, âgé de 49 ans. Comme on meurt vite dans le ministère professoral ! M. Caux, de douce mémoire, l'aimable professeur de seconde, s'éteignit le 30 juillet 1879, à l'âge de 36 ans. Avant eux, M. Marielle mourut à 30 ans, ne s'étant fait connaître de la Maison de Saint-Lucien que pour y laisser de vifs regrets… Que d'intelligences et de cœurs, que de vies d'hommes se sont déjà usées dans ces murs du Petit Séminaire, à cette tâche qui ne sera jamais ingrate, parce qu'il y aura toujours des âmes qui sauront la comprendre !

confrère, M. Catel écrivait : « C'est un prêtre admirable de modestie, de dévouement, de vertu. Pendant vingt ans, j'ai vécu avec lui en parfaite entente. Alors qu'il était encore plus fatigué que moi, qu'il avait absolument besoin de repos, pour le bien de Saint-Lucien, pour rendre service, il a consenti à rester une année encore. Et alors, il a usé le peu de santé qui lui restait. C'est un martyr de l'éducation. » Sur sa mort prématurée, il ajoutait : « Encore une âme qui est partie et qui m'attend. A un certain âge, les meilleures affections nous entraînent au ciel. Au ciel on se retrouve, pour ne se séparer jamais. Vivons dans cette attente. »

Avant lui, le 22 mars 1878, M. Sagnier, ce prêtre si distingué, si affectueux par nature, si sensible à l'amitié, était parti, à 50 ans, pour un monde meilleur. M. Catel versa une dernière larme et une dernière parole sur leur tombe. Il retraça les principaux traits de leur vie si bien remplie, dans une *Notice biographique* sur chacun de ces regrettés professeurs. Mais ces deux amis semblaient ne l'avoir précédé dans l'autre vie, que pour mieux « l'attirer au paradis » suivant son expression.

Mgr Gignoux, qui avait toujours eu une entière confiance en M. Catel, l'avait jadis désigné pour être son remplaçant en diverses circonstances solennelles, au Congrès de Malines (1864), à celui de Reims (1875), etc. Sur son lit de mort, il le délégua particulièrement pour le représenter aux funérailles de N. S. P. le Pape Pie IX. M. le Supérieur dut partir précipitamment, le 14 février 1878, et, sans calculer les fatigues d'un long et rapide voyage, il revint à la hâte, avec le pressentiment de ne pas retrouver vivant son Evêque bien aimé. C'était la veille de sa mort. Mgr n'avait plus qu'un souffle, lorsque M. Catel arrivait, lui apportant une bénédiction spéciale du successeur de Pie IX. S. G. voulut parler ; mais sa faiblesse était telle qu'il fut impossible d'entendre même un seul mot. Cette scène navra le cœur de M. le Supérieur et vint ajouter encore à un état de malaise qu'il ne pouvait dissimuler. Depuis un an déjà, il éprouvait une difficulté très grande à chanter et même à lire à haute voix d'une façon continue. Les médecins trouvaient le système nerveux très surexcité et voulaient une situation qui permît une tranquillité complète. Pour cela il fallait quitter le cher Saint-Lucien, œuvre d'abnégation entière, de dévouement absolu et de préoccupations incessantes. Frappé d'un de ces coups de paralysie lente dont les attaques enlèvent ordinairement la force à la pensée, soutenu par son cœur, il avait surmonté avec un froid courage les atteintes de son mal. Contraint, à la fin, par ses longues fatigues, à demander la permission de résigner ses fonctions, M. Catel écrivit (juin 1878) à Mgr Hasley qui venait d'être nommé évêque de Beauvais, en lui présentant ses humbles félicitations : « Depuis 23 ans, je travaille avec bonheur à cette œuvre capitale (des séminaires); mais je sens que mes forces déclinent, que ma santé ne peut plus suffire et qu'il vous faudra trouver en ma place une nature plus jeune et plus vigoureuse. Mais ma pensée et mon cœur seront toujours à Saint-Lucien. Je ne connais pas de ministère plus utile et plus fécond. » Ses collaborateurs, vivement peinés de l'affaiblissement d'une si précieuse santé, voulaient espérer que l'art médical réussirait à lui apporter une amélioration sensible. De Marlioz, près d'Aix-les-Bains, où il suivait un traitement hydrothérapique, M. Catel nous écrivait : « Je maintiens ma démission; je le fais avec peine, mais en conscience : je vous resterais dans les mains. »

Mgr Hasley le conjura de faire encore la rentrée des classes d'octobre 1878, lui accordant à regret un repos devenu inévitable, et Saint-Lucien perdait définitivement son regretté Supérieur, le 11 novembre suivant. Simples dans notre foi, ne doutons jamais que l'œuvre de Dieu reste inachevée : les figures changent, les choses demeurent, c'est la loi : *Opera eorum sequuntur illos.*

VI.

Jusque dans sa retraite, à Beauvais, l'activité de M. Catel ne se démentit jamais. Lui qui avait toujours possédé la grande science de voir les choses comme elles sont, cherchait à se faire illusion sur son mal ; levé de grand matin, il voulait le tromper et ne consentait pas à s'avouer vaincu par lui.

Ce cœur qui avait des aspirations si généreuses, si élevées en toutes choses, un si vif désir du bien sous toutes les formes, a connu toutes les peines qui pouvaient l'atteindre. Il appelait la vie « une croix d'épines avec l'ombre d'une feuille de rose. » Heureusement le Seigneur lui avait donné, dès ses jeunes années, une grande hauteur de vues; aussi, du milieu de son isolement, il se retirait dans les sphères surnaturelles et se rapprochait de Dieu, à qui d'ailleurs il s'en remit toujours des appréciations portées par les hommes.

Il fut heureux de prouver, en toute circonstance, à ses anciens élèves qui venaient distraire sa solitude, combien la mémoire du Petit-Séminaire lui restait au cœur, et quelle était l'abondance de ses affections pour sa maison de prédilection. C'est ainsi qu'un jour il disait, en retrouvant des souvenirs d'anciens élèves tués, l'un par les sauvages, dans les missions, l'autre pour la France, sur le champ de bataille : « Je n'ai jamais pu les pleurer, ils sont morts martyrs. »

Une œuvre occupa dès lors plus spécialement ses loisirs. Nous voulons parler de la *Congrégation des Petites Servantes de Marie Immaculée*, à Gaudechart, dont il était supérieur délégué, en remplacement de M. le chanoine Boyeldieu, malade depuis long-temps. Dans une brochure intéressante, il fit connaître l'origine de cette pieuse fondation, sa destination, ses règles, son esprit, ses usages et son développement. (Septembre 1879).

Le 12 février 1879, une lettre datée de Rome lui avait apporté un nouveau témoignage d'estime. Nous la reproduisons presque en entier. « Mon cher Abbé, j'apprends la mort du pauvre M. Boyeldieu... Je ne veux pas attendre à mon retour à vous offrir sa stalle à la cathédrale. Vous honorerez le chapitre et vous aurez une position qui vous attachera à nous. Si Dieu vous rend vos forces perdues, vous serez toujours libre d'échanger cette position pour une autre qui serait plus en harmonie avec votre activité et vos goûts. Vous savez, mon cher Abbé, combien je suis en N. S. votre tout affectionné. † Edouard, Ev. de Beauv., N. et S. »

La réponse suivante se passe de commentaires. « Monseigneur, au milieu de toutes les graves préoccupations qui, à Rome, assiègent votre temps, V. G. veut bien penser à moi. Je suis très touché de cette marque toute spéciale de bienveillant intérêt. Vous m'offrez la stalle devenue vacante par le décès du bon M. Boyeldieu. Cette offre m'honore et je l'accepterais avec reconnaissance, sans observation aucune, si mon vénérable prédécesseur à Saint-Lucien, M. Thorel, doyen de Crépy, n'avait à ce poste de repos et d'honneur des titres plus anciens que les miens, à raison de ses longs services et dans l'éducation et dans le ministère. Sa santé, qui a toujours été chétive, paraît tout-à-fait compromise; depuis quatre mois, il ne peut presque plus rien faire, sa conscience si délicate s'alarme de l'état de souffrance dans lequel il laisse forcément sa paroisse. Mgr Gignoux avait souvent pensé à lui pour le Chapitre; je me suis permis moi-même, à différentes reprises, de faire quelques démarches en sa faveur. J'ai lieu de croire que sa nomination sera très agréable à une grande partie du Clergé; la mienne semblerait peut-être prématurée, pour ces raisons que Monseigneur voudra bien apprécier et qui seraient peut-être de nature à modifier son choix. Si V. G. croit nonobstant devoir s'en tenir à sa première pensée, je n'ai qu'à m'incliner et qu'à obéir. Si le bon M. Thorel m'est préféré, j'en serai heureux pour lui et j'attendrai dans la patience, en mon coin obscur, que la Providence me rende mes forces et me permette de sortir d'une inactivité qui me pèsera toujours. Veuillez bien avoir un souvenir pour moi aux pieds de Léon XIII, au tombeau des SS. Apôtres et dans tant de lieux vénérables présents encore à ma pensée et à mon cœur. »

Deux fois M. Catel refusa l'honneur du canonicat titulaire, se croyant physiquement incapable d'en remplir les obligations.

A une personne qui formait des vœux pour l'amélioration de sa santé, il répondait le 5 avril 1879 : « Pourquoi faire des *vœux payens* pour mon bonheur en ce monde? Ce n'est pas un péché de souffrir comme J.-C. et avec J.-C.; c'est même son *précepte formel*. Si vous n'êtes pas à la croix, vous ne serez pas à la gloire. Ce n'est pas un péché non plus de mourir. De là le vœu de l'apôtre : Je désire mourir pour être avec J.-C. La croix est la seule échelle pour nous porter à la gloire. Non seulement je suis un pauvre pécheur, mais je suis prêtre, et le prêtre doit être un autre J.-C., c'est-à-dire un autre crucifié. Donc, je vous en prie, jamais de ces vœux mondains et pas chrétiens. Vous avez tort aussi de me croire trop dans la *solitude* : on n'est jamais seul quand on est avec Dieu, sous ses yeux, dans sa grâce, à son devoir. »

Après un an de repos absolu, M. Catel crut devoir accepter, au mois d'octobre 1879, les fonctions d'aumônier du pensionnat des religieuses de Saint-Joseph de Cluny, à Beauvais. Le désœuvrement, ou mieux, l'absence de besogne régulière lui pesait lourdement; il trouva dans ce nouveau poste le moyen de se dévouer jusqu'à la fin au grand œuvre de la formation de la jeunesse qui a été son apostolat et qui restera sa gloire. Il y consacra les derniers efforts d'une excessive bonne volonté aux prises avec une santé trop ébranlée.

Nous extrayons de sa correspondance les lignes suivantes, écrites le 13 octobre dernier à une grande élève : « Vous avez bien voulu, en me souhaitant la Saint-Denis, me rappeler que j'ai 53 ans, que la vie de ce monde défile pour moi, qu'il importe de bien employer mon reste. Et quel est-il? Dieu le sait... L'important n'est pas de vivre longtemps, mais d'avoir des jours bien remplis, de n'être pas surpris les mains vides, avec des dettes devant l'infinie justice et sans mérites pour le ciel. Avis à moi, avis à vous. Pendant que nous en avons le temps, dit l'Apôtre, faisons le bien et j'ajoute : Efforçons-nous de le bien faire, simplement, humblement, surnaturellement, comme Jésus-Christ et en Jésus-Christ, uniquement pour la plus grande gloire de Dieu son Père et notre Père. »

Heureux de répondre aux désirs de l'un de ses amis, M. l'abbé Dancoisne, à Lille, qui préparait un grand ouvrage sur les Congrégations religieuses, M. Catel lui envoya une *Notice sur la Congrégation des Sœurs de Saint-Joseph de Cluny*, sur l'origine et les commencements de l'Institut, son caractère et ses œuvres, ses fins et ses moyens d'action, son étendue, ses constitutions, etc.

En même temps sa vive sollicitude se portait du côté de l'instruction chrétienne des enfants pauvres de notre ville. Il était membre du Comité des Ecoles chrétiennes et l'un des délégués chargés de la visite de l'école libre, rue de la Madeleine. Là, comme partout, il montra un dévouement que nous nous plaisons à rappeler, parce qu'il fut l'objet d'une grande édification. Le mardi de Pâques, 19 avril, il quittait Beauvais, dans le but d'aller en Normandie prendre quelques jours de vacances. Il était loin de songer que la Providence le conduisait au sein de sa famille pour y mourir. Prenant l'initiative de travaux d'amélioration, à l'école libre, nécessaires et justifiés par les avantages obtenus, il écrivit avant de partir, mais d'une main tremblante, ces lignes adressées à Mgr Millière, vicaire général : « Si les fonds disponibles sont insuffisants pour faire face à la dépense, je consens bien volontiers à la solder moi-même. » Il eut ainsi le mérite de terminer une carrière importante et bien remplie par un acte de charité des plus utiles.

Le lendemain, en effet, il acheva à grand'peine le saint sacrifice, dans l'église de Mesnil-sous-Vienne. A la fin de la messe, il s'affaissa en descendant de l'autel. On dut le rapporter au foyer paternel ; son côté droit était totalement paralysé. L'art des médecins fut impuissant à soulager longtemps le cher malade. Une religieuse du Sacré-Cœur de Saint-Aubin fut mandée en toute hâte. Lorsqu'elle arriva, M. Catel la reconnut pour avoir soigné l'un de ses anciens élèves et confrères de pieuse mémoire, M. l'abbé Caux. « Ma bonne sœur, lui dit-il, j'ai été presque frappé à mort. De la manière dont je suis tombé, je ne devais pas me relever ; mais l'abbé Caux a prié pour moi… Ah ! ne plus dire la sainte Messe !… Je l'espère encore, grâce à vos bons soins. » Hélas ! cet espoir fut déçu. « Les prêtres, a dit l'abbé H. Perreyve, doivent toujours regarder la mort comme une des fonctions de leur sacerdoce, elle est leur dernière messe. » Ce fut vrai à la lettre pour M. Catel.

La reconnaissance et l'amitié nous imposaient le devoir d'accourir le 25 avril, à la première nouvelle du coup saisissant qui venait d'atteindre notre bien-aimé Supérieur. La mort approchait visiblement. C'était l'heure poignante de l'adieu, heure plus pénible que l'absence. Dans l'absence au moins l'avenir, c'est se revoir, dans les adieux, l'avenir c'est se quitter… « Il faut se séparer, nous dit-il en pleurant ; que c'est dur ! mais *fiat voluntas.* » Si le corps succombait, l'esprit au contraire semblait revivre dans toute sa splendeur. Il n'eut pas de ces obscurités qui enveloppent l'intelligence des mourants. Avec toute la lucidité de son âme et un rare bonheur d'expressions, il nous fit ses suprêmes recommandations. Nos sanglots étouffaient sa voix affaiblie et ses paroles entrecoupées de profonds soupirs. Par dessus tout il se préoccupait de ses enfants de la première communion, au couvent de St-Joseph. Il demandait à Dieu de bénir sa chère maison de St-Lucien, recommandant aux élèves du Petit-Séminaire une tendre piété envers l'adorable Eucharistie et une grande dévotion aux âmes du Purgatoire.

Puis il demanda qu'on sortît son lit de l'alcôve : « Je veux voir le ciel », dit-il, avec un accent de piété touchante. Est-ce parce que de l'être qui pâtit s'exhale un parfum plus suave, est-ce parce qu'il y a quelque chose de plus exquis, de plus céleste dans le regard d'un mourant, nous nous demandions : Est-il donc si triste de mourir ? La mort n'est-elle pas un bienfait, quand on donne pour ainsi dire la main, comme l'a fait le cher moribond, aux réalités de l'autre monde et qu'on y voit sous un jour plus vrai les misères du nôtre, quand on soupire après une vie meilleure et plus durable, quand on ne tient à rien qu'à Dieu et en Dieu ?

Le mardi, 26 avril, il était assis dans son fauteuil, la sérénité du juste peinte sur ses traits. A deux heures de l'après-midi, une congestion se déclarait aux poumons. La garde-malade s'empressa de l'avertir qu'il fallait remettre son âme au bon Maître et lui suggéra des actes d'amour de Dieu. Le vénéré malade les répétait avec la foi la plus vive. Dieu lui épargna la suite d'une vie qui désormais eût été pénible et les angoisses de l'agonie. Il entra dans la mort comme dans un sommeil ; sa vie se dénoua sans convulsion, sans plainte, sans douleur. « Marie, ma bonne Mère, secourez-moi ! saint Joseph, intercédez pour moi », telle fut sa suprême prière. M. le curé de la paroisse, prévenu en toute hâte, n'eut que le temps de lui donner une dernière absolution et le sacrement de l'Extrême-Onction. Le pieux mourant lui serra la main en signe de reconnaissance et s'endormit entre les bras de sa sœur et de son frère, dans la paix de ce Dieu qu'il désirait si ardemment voir au Ciel. M. l'abbé Catel n'était âgé que de 53 ans et 6 mois.

La nouvelle de sa mort répandit un grand deuil sur la population de Mesnil-sous-Vienne, attristée de la perte du prêtre distingué qui était sa gloire, et sur le diocèse de Beauvais tout entier, frappé dans la personne d'un de ses membres les plus éminents et les plus respectés. Le vénéré défunt avait demandé, avant de quitter la vie, que sa dépouille fût déposée dans le caveau qu'il avait fait construire au cimetière des Capucins, à Beauvais, où reposaient déjà des prêtres dont il vénérait la mémoire. Par une coïncidence providentielle, la paroisse du Mesnil devait recevoir son Evêque pour la confirmation, le jeudi 28 avril, jour des premières obsèques et de la levée du corps de M. l'abbé Catel. Ce fut une vraie consolation pour Mgr Grolleau d'y assister, de les présider lui-même et de prier sur le cercueil d'un prêtre qu'il estimait justement et sur lequel il avait eu ses vues. S. G. l'avait, en effet, demandé le 7 novembre 1874 — nous pouvons en parler, désormais, sans indiscrétion — pour en faire son Grand-Vicaire. Quelles réflexions ne dut pas exciter dans son cœur ce triste spectacle d'une carrière si prématurément brisée !

Les restes du cher défunt furent rapportés à Beauvais et déposés à la Chapelle des Morts, dans la Cathédrale, où le service funèbre fut célébré le 29 avril. Plus de 150 prêtres et l'élite de la ville se pressaient dans le chœur, autour du cercueil recouvert des insignes sacerdotaux, orné de plusieurs magnifiques couronnes, apportées par de pieuses et reconnaissantes mains. Mgr Dennel, en tournée pastorale, empêché par les exigences de la visite d'une paroisse déjà ajournée deux fois, regretta vivement de ne pouvoir prendre part à ce témoignage public de l'estime, de la reconnaissance et des regrets de tant de prêtres, dont la vocation sacerdotale eut M. Catel pour ange tutélaire. C'est Mgr Obré, évêque de Zoara, qui présida la cérémonie des funérailles. Jusqu'au cimetière, le convoi se déploya dans un religieux recueillement. Les enfants du pensionnat des Dames de Saint-Joseph et ceux de l'école-annexe des Frères de la Doctrine Chrétienne faisaient partie du cortège. Les petit et grand Séminaires étaient en vacances ; ils furent représentés par MM. les Directeurs et les Elèves qui purent revenir à Beauvais ; il était impossible de provoquer la rentrée anticipée de tous les autres. Lorsque, devant le caveau béant, le Clergé récitait les dernières prières, tous les assistants s'y associèrent du fond du cœur, regrettant sincèrement la perte prématurée de M. l'abbé Catel. Tous garderont dans leur âme le culte de son souvenir.

Le devoir et l'amitié nous avaient assigné une place près de la dépouille de celui qui fut notre père, notre modèle et notre ami. Les mêmes sentiments nous ont fait une obligation de donner un hommage bien affectueux à sa mémoire bénie, en écrivant cette biographie trop incomplète encore. Le commerce est si doux à travers une tombe qui s'ouvre du côté du ciel ! et il faudrait avoir le cœur bien froid pour oublier des morts qui doivent rester toujours chers ! Nous avons cru répondre à l'attente de nos anciens condisciples et amis en sollicitant de tous un autre témoignage de piété filiale et de respectueuse vénération. Un appel leur fut adressé dans le but d'élever un cénotaphe en l'honneur de M. Catel, à l'entrée de la chapelle du Petit Séminaire de Saint-Lucien. On y a répondu par de généreuses offrandes. Aussi maintenant, en face de l'inscription qui recouvre le cœur de M. Bessière et que nous avons dû, pour la symétrie, entourer d'une large bordure de pierre, on remarque un cadre de style roman, à fronton et soubassement sculptés. Il est adossé au mur du vestibule, du côté droit, et renferme une belle table de marbre noir, sur laquelle on lit :

D. O. M.

IN. PERPETUAM. MEMORIAM
DOM. DIONYSII. JOANNIS-BAPTISTÆ. CATEL
PRESB. VIC. GEN. AD HONORES DIOEC. BELLOV.
ET. HUJUS. PIÆ. DOMUS. SUPERIORIS
QUI. CUM. ESSET. INGENIO. PROESTANS
ANIMO. FORTIS. ET. GENEROSUS
PIETATE. ERGA. DEUM. DEIPARAM. ET S. ECCLESIAM
MIRE. CONSPICUUS
QUIDQUID. A. DOMINO. ACCEPERAT
VIRES. INGENIUM. ET. OPES
AD. ERUDIENDOS. IN. SCIENTIA. ET. PIETATE. PUEROS
CONTULIT. ET. LOETUS. IMPENDIT.
POSTQUAM. XX. ANNOS. HANC. DOMUM
SAPIENTISSIME. REXERAT
ADJUVANTIBUS. DOCTIS. ET. PIIS. ECCLESIASTICIS. VIRIS
QUORUM. PLURES. LUGENS. AD DEUM PRÆMISIT
C. DEPUILLE, J. SAGNIER, E. CAUX, L. LEFÈVRE,
CELERIUS. VIRIBUS. FRACTUS. ET. CONSUMMATUS. IN. BREVI
SEMPER. VIVENS. IN. ANIMO. DISCIPULORUM. QUOS. X^{to} GENUIT
DIE. XXVI. APRIL. AN. DOM. 1881
ÆTATIS. SUÆ. 54.
TRANSIIT. AD DOMINUM.

Gloria filiorum, patres eorum. (PROV. XVII. 6.)
Amabiles et decori in vitâ, in morte quoque
non sunt divisi. (II Reg. 1. 23.)

En voici la traduction : « Pour la perpétuelle mémoire — de Mre Denis-J.-B^{te} *Catel*, — vicaire gén. hon. du diocèse de Beauvais — et supérieur de cette pieuse Maison. — Homme d'un esprit éminent, — d'un cœur fort et généreux, — d'une piété remarquable envers Dieu, la Vierge-Mère et la Ste Eglise, — il dépensa et consacra joyeusement — tout ce qu'il reçu du Seigneur, — forces, talent et richesses, — à élever la jeunesse dans la science et la piété. — Après avoir, l'espace de 20 années, régi très-sagement cette Maison, avec l'aide de doctes et pieux ecclésiastiques — dont plusieurs, hélas ! le précédèrent devant le Seigneur — C. Depuille, J. Sagnier, E. Caux, L. Lefèvre, — trop vite épuisé et arrivé trop tôt au terme

de sa course, — toujours vivant dans le cœur des élèves qu'il a engendrés
à J.-C., — il parut devant Dieu — le 26 avril de l'an de N. S. 1881 — de son
âge le 54e.

La gloire des fils, ce sont leurs pères (Prov. XVI. 6).
Aimables et pleins de grâce durant la vie, dans la mort même ils n'ont
pas été séparés. (II Rois, I 23.)

Lorsque les anciens élèves de Saint-Lucien reviendront visiter
le berceau de leur jeunesse, quoique les figures aient changé,
quoique d'autre part les traits de leur ancien Supérieur soient bien
fixés dans la mémoire de tous ses enfants, ils aimeront à les raviver
par un de ces regards qui ressuscitent le passé. En voyant le
nom de M. Catel gravé en lettres d'or sur le marbre, ils se rappelleront, au plus intime de leur cœur, le souvenir plus durable
encore et les touchantes bontés de celui qui les a tant aimés.
Puisse-t-il nous bénir tous du sein de la patrie véritable, où Dieu
lui permettra sans doute de continuer son rôle de père, de tuteur
et d'ami !

L. PIHAN

BEAUVAIS, TYPOGRAPHIE D. PÈRE, IMPRIMEUR DE L'ÉVÊCHÉ.

9 782019 958015